Hueber Sprachführer

Juliane Forßmann / Ilona Hards

Mit Dänisch unterwegs

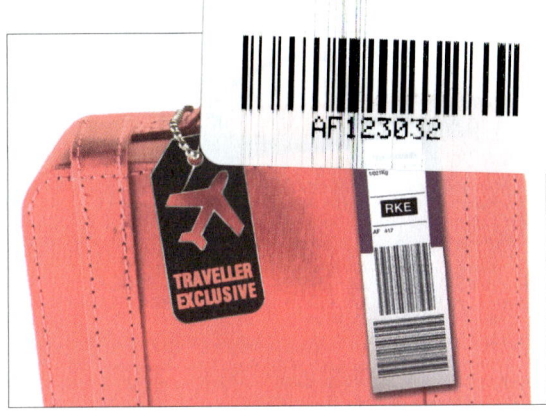

Hueber Verlag

Grammatik von Angela Pude
Umschlagfotos: © iStockphoto/srebrina, © iStockphoto/danleap, © iStockphoto/rustycloud
Fotos Innenteil: S. 8: © fotolia/ArTo | S. 11: © iStockphoto/Casper Wilkens | S. 12: © iStockphoto/Aleksandar Jocic | S. 16: © irisblende.de | S. 20: © www.visitdenmark.com | S. 24: © iStockphoto/Plougmann | S. 27: © colourbox.com | S. 28 (2): © www.visitdenmark.com | S. 32: © www.visitdenmark.com | S. 33: © fotolia/cybercrisi | S. 35: © www.visitdenmark.com | S. 36: © fotolia/Marco2811 | S. 37: © www.visitdenmark.com | S. 40: © irisblende.de | S. 43: © fotolia/Zsolt Bota Finna | S. 44: © fotolia/Ilan Amith | S. 47: © contrastwerkstatt | S. 55: © fotolia/laguna35 | S. 61: © iStockphoto/Casper Wilkens | S. 63: © fotolia/Martina | S. 64: © fotolia/Peggy Warner | S. 65: © www.visitdenmark.com | S. 67: © panthermedia.net/Alfred N. | S. 71: © fotolia/silver-john | S. 72: © www.visitdenmark.com | S. 74: © iStockphoto/knape | S. 76: © fotolia/bloodstone | S. 80: © fotolia/lekcets | S. 85: © fotolia/Francis Dean | S. 89: © iStockphoto/sbossert | S. 90: © colourbox.com | S. 94: © www.visitdenmark.com | S. 97: © digitalstock.de/SveninDK | S. 98: © www.visitdenmark.com | S. 99: © www.visitdenmark.com | S. 102: © www.visitdenmark.com | S. 107: © www.visitdenmark.com | S. 113: © fotolia/PANORAMO.de | S. 115: © www.visitdenmark.com | S. 119: © iStockphoto/tacojim | S. 120: © www.visitdenmark.com | S. 121: © fotolia/Gina Sanders | S. 124: © iStockphoto/Jensen Photo | S. 125: © panthermedia.net/Corinna H. | S. 129: © Leonard Forssmann-Martin | S. 130: © iStockphoto/topdeq | S. 132: © Leonard Forssmann-Martin | S. 134: © www.visitdenmark.com | S. 135: © iStockphoto/pejft | S. 137: © www.visitdenmark.com | S. 138: © panthermedia.net/Carina H. | S. 140: © iStockphoto/LeggNet | S. 142: © colourbox.com | S. 143: © colourbox.com | S. 150: © fotolia/Wanja Jacob
Zeichnungen: © Gisela Specht, Weßling

Ein kostenloser MP3-Download zum Buch ist unter
www.hueber.de/audioservice erhältlich.

Das Werk und seine Teile sind urheberrechtlich geschützt.
Jede Verwertung in anderen als den gesetzlich zugelassenen
Fällen bedarf deshalb der vorherigen schriftlichen
Einwilligung des Verlags.

Hinweis zu § 52a UrhG: Weder das Werk noch seine Teile dürfen ohne
eine solche Einwilligung überspielt, gespeichert und in ein Netzwerk
eingespielt werden. Dies gilt auch für Intranets von Firmen, Schulen
und sonstigen Bildungseinrichtungen.

Eingetragene Warenzeichen oder Marken sind Eigentum des jeweiligen Zeichen-
bzw. Markeninhabers, auch dann, wenn diese nicht gekennzeichnet sind. Es ist
jedoch zu beachten, dass weder das Vorhandensein noch das Fehlen derartiger Kenn-
zeichnungen die Rechtslage hinsichtlich dieser gewerblichen Schutzrechte berührt.

3. 2. 1. | Die letzten Ziffern
2016 15 14 13 12 | bezeichnen Zahl und Jahr des Druckes.
Alle Drucke dieser Auflage können, da unverändert,
nebeneinander benutzt werden.
1. Auflage
© 2012 Hueber Verlag GmbH & Co. KG, 85737 Ismaning, Deutschland
Umschlaggestaltung: wentzlaff | pfaff | güldenpfennig kommunikation gmbh
Zeichnungen: Gisela Specht, Weßling
Redaktion: Juliane Forßmann, Hueber Verlag, Ismaning
Layout: Holger Latzel und Sarah-Vanessa Schäfer, Hueber Verlag, Ismaning
Satz: Memminger MedienCentrum AG, Memmingen
Druck und Bindung: Himmer AG, Augsburg
Printed in Germany
ISBN 978-3-19-009719-7

DAS WICHTIGSTE AUF EINEN BLICK

A23	Wo ist die nächste Tankstelle?	Hvor er den næste benzintank? [wor er dən 'nästə ben'sintank]
A24	Wo ist das deutsche Konsulat?	Hvor er det tyske konsulat? [wor er dä 'tüske konsu'lät]
A25	Haben Sie noch ein Zimmer frei?	Har du endnu et ledigt værelse? [har du 'enu et 'lädit 'wärəlsə]
A26	Lassen Sie mich in Ruhe!	Lad mig være i fred! [la mai̯ 'wärə i freð]
A27	Ich habe mich verlaufen.	Jeg er faret vild. [jai̯ er 'farət wil]
A28	Wie komme ich zum Bahnhof?	Hvordan kommer jeg til banegården? [wor'dan 'kɔmər jai̯ til 'bäne'gou̯rən]
A29	Wie komme ich zur U-Bahn?	Hvordan kommer jeg til metroen? [wor'dan 'kɔmər jai̯ til 'metron]
A30	Hilfe!	Hjælp! [jelp]
A31	Bitte helfen Sie mir!	Vær så venlig at hjælpe mig! [wär sou̯ 'wənli at 'jelpə mai̯]
A32	Feuer!	Brand! [bran]
A33	Rufen Sie einen Krankenwagen!	Tilkald en ambulance! ['tilkal eːn ambu'langsə]
A34	Rufen Sie einen Arzt!	Tilkald en læge! ['tilkal eːn 'läjə]
A35	Rufen Sie die Polizei!	Tilkald politiet! ['tilkal poli'tiət]
A36	Rufen Sie die Feuerwehr!	Tilkald brandvæsenet! ['tilkal 'branwäsənət]
A37	Ich rufe gleich die Polizei!	Jeg tilkalder politiet med det samme! [jai̯ 'tilkalər poli'tiət með dä samə]
A38	was	hvad [wað]
A39	wer	hvem [wem]
A40	wann	hvornår [wor'nɔur]
A41	wie	hvordan [wor'dan]
A42	warum	hvorfor [wor'for]

DAS WICHTIGSTE AUF EINEN BLICK

| A43 | wo | hvor [wor] |
| A44 | wessen | hvis [vis] |

A45	Millimeter	millimeter ['milimätər]
A46	Zentimeter	centimeter ['sentimätər]
A47	Meter	meter ['mätər]
A48	1,82 m	en meter toogfirs [eːn 'mätər to o firs]
A49	Kilometer	kilometer ['kilomätər]
A50	50 Kilometer pro Stunde	halvtreds kilometer i timen ['haltres 'kilomätər i 'tiːmən]

A51	Gramm	gram [gram]
A52	Pfund	pund [pun]
A53	Kilogramm	kilogram ['kilogram]
A54	Zentner	centner ['sentnər]
A55	Tonne	ton [tɔn]
A56	Liter	liter ['litər]

Das Wichtigste auf einen Blick

Einführung 6

Die richtige Aussprache 9

Reisevorbereitungen 12

Eine Unterkunft buchen 13
Ein Ticket buchen 15
Am Telefon 16
Per E-Mail, Fax oder Brief 18
Angaben zur Person machen 18

Auf der Reise 20

An der Grenze 21
Wo gehts lang? 22
Tanken und Rasten 23
Panne und Unfall 24
Verkehrskontrolle 26
Unterwegs mit Bus, U-Bahn und Zug 27
Rund ums Gepäck 30
Am Flughafen 30
Mit dem Schiff 32
Ein Fahrzeug mieten 34
Ein Taxi nehmen 35

Endlich da: die Unterkunft 36

Beim Ankommen 37
Sich nach dem Wichtigsten erkundigen 37
Um etwas bitten 38
Sich beschweren 39

Mit Kindern reisen 40

Ganz allgemein 41
Sicherheit 41
Unterhaltung 42
Beim Essen 42

Besondere Bedürfnisse 44

Nützliches für behinderte Reisende 45

Miteinander sprechen 47

Bitten und danken 48
Begrüßung und Verabschiedung 48
Sich vorstellen und von sich erzählen 48
Etwas über den anderen herausfinden 50
Sich verabreden und jemanden einladen 51
Komplimente und wie man darauf reagiert 52
Zustimmen und ablehnen 53
Bedauern ausdrücken und sich entschuldigen 54

Rund um die Zeit 55

Die Uhrzeit 56
Die Tageszeiten 57
Die Woche 58
Die Monate 59

Die Jahreszeiten	60
Das Datum	60
Feiertage	61

Gastronomisches und Kulinarisches — 65

So fängt der Tag gut an	66
Zum Essen ausgehen	69
Den richtigen Tisch bekommen	69
Bestellen	70
Getränke	72
Zeit für das Essen	75
Die Speisekarte: Vorspeisen	77
Salate	77
Suppen	78
Leichte Gerichte	78
Fleisch	78
Geflügel	79
Fisch und Meeresfrüchte	80
Gemüse und Pilze	81
Zubereitung	82
Beilagen	83
Kräuter und Gewürze	84
Nachspeisen	84
Käseauswahl	85
Tee, Kaffee und Kuchen	86
Dänische Spezialitäten	87
Sonderwünsche	91
Beanstanden und loben	91
Bezahlen	92

Zeit für den Einkauf — 94

Ganz allgemein	95
Lebensmittel	97
Wo im Supermarkt ...?	101
Wie viel darf es sein?	101
In der Drogerie und der Apotheke	102
Beim Optiker	104
Kleidung und Mode	105
In der Reinigung	109
Beim Friseur	109
Im Fotogeschäft	110
Musik	111
Elektrische und elektronische Produkte	112
Etwas zum Lesen	112
Etwas zum Schreiben	113
Souvenirs und Geschenke	114
Etwas bezahlen	116
Um den Preis handeln	117
Gekauftes umtauschen oder zurückgeben	118

Bank und Post — 120

Die Währung	121
Geld besorgen	122
In der Post	123

Freizeitaktivitäten — 125

Ganz allgemein	126
Sport	127
Wassersport	128
Am Strand	130
Wellness	131
Museen und Ausstellungen	133
Nachtleben	135
Kino, Theater, Konzert	136

Notfälle — 140

Notruf	141
Auf der Polizeiwache	141

Beim Arzt und im Krankenhaus	143
Beim Zahnarzt	149

Ein wenig Grammatik 151

Das Alphabet und Besonderheiten der Aussprache	151
Das Alphabet	151
Die Besonderheiten der Aussprache	151
Nomen (Hauptwörter)	155
Genus (grammatisches Geschlecht)	155
Artikel (Begleiter)	155
Unbestimmte und bestimmte Form	155
Plural (Mehrzahl)	156
Kasus (Fälle)	157
Komposita (zusammengesetzte Substantive)	157
Pronomen (Fürwörter)	158
Personalpronomen (persönliche Fürwörter)	158
Reflexivpronomen (rückbezügliche Fürwörter)	158
Possessivpronomen (besitzanzeigende Fürwörter)	159
Demonstrativpronomen (hinweisende Fürwörter)	159
Interrogativpronomen (Fragefürwörter)	159
Relativpronomen (bezügliche Fürwörter)	160
Adjektive (Eigenschaftswörter)	160
Adverbien (Umstandswörter)	161
Steigerung von Adjektiven und Adverbien	161
Verben (Tätigkeitswörter)	162
Präsens (Gegenwart)	163
Futur (Zukunft)	164
Präteritum (Vergangenheit)	164
Perfekt (vollendete Gegenwart)	164
Imperativ (Befehlsform)	165
Unregelmäßige Verben	165
Syntax (Satzbau)	166
Hauptsatzschema	168

Bildtafeln zum Zeigen 170

Von A bis Z 174

Deutsch-Dänisch	174
Dänisch-Deutsch	210

Alles gepackt? 243

Zahlen

Indledning
Einführung

Gute Reise mit dem Hueber Sprachführer Dänisch! Wenn Sie nach Dänemark reisen, ist dieser Sprachführer das Richtige für Sie, denn alle Übersetzungen richten sich nach dem Standarddänischen rigsdansk ['risdansk], das überall dort verstanden wird, wo man Dänisch spricht.

Dennoch sollte man sich im Klaren darüber sein, dass es sehr viele Dialekte in Dänemark gibt, die teilweise erheblich vom Standarddänischen abweichen.

Eine Besonderheit im heutigen Dänemark ist die weit verbreitete Gewohnheit, auch Fremde mit der Du-Form (du [du]) anzusprechen, obwohl es durchaus eine Sie-Form (De [di]) gibt. Zwar würde niemand auf die Idee kommen, die dänische Königin mit du anzusprechen, aber Sie sollten sich auf keinen Fall respektlos behandelt fühlen, wenn Sie geduzt werden. Natürlich dürfen Sie selbst die Dänen ebenfalls duzen. Alle Sätze in diesem Sprachführer enthalten dementsprechend die übliche Du-Form.

Im Gegensatz zu den meisten europäischen Sprachen gibt es im Dänischen kein Wort für *bitte*. Das heißt natürlich nicht, dass Dänen weniger höflich sind, aber der richtige Ausdruck hängt von der Situation ab. Wenn man etwas anbietet, sagt man Værsgo! [wärs'go] (*Bitte schön!*). Wenn man um etwas bittet, sagt man oft Tak! [tak] (*Danke!*) oder man formuliert den Satz um, damit er höflicher klingt. Ihr Sprachführer bietet für jede Situation die richtige Formulierung.

Der Sprachführer setzt sich aus fünf hilfreichen Komponenten zusammen: Die kompakte Einführung in die Aussprache macht Sie mit der vereinfachten Lautschrift vertraut; mit ihrer Hilfe können Sie alle Wörter und Sätze problemlos aussprechen. Die darauffolgenden Kapitel bieten Ihnen nützliche For-

EINFÜHRUNG

mulierungen für alle typischen Reisesituationen. In der Kurzgrammatik können Sie nach Wunsch die Sprache besser kennenlernen, um sie noch effizienter zu nutzen. Wenn es mal ohne Worte gehen soll, helfen Ihnen die Zeigetafeln weiter. Das Wörterbuch für Reisende, in dem Sie Wörter von A bis Z nachschlagen können, vervollständigt Ihre „Sprachausrüstung". Nun kann nichts mehr schiefgehen.

Aber es gibt noch mehr: Die zum Sprachführer passenden Audiodateien können Sie sich auf www.hueber.de/audioservice herunterladen und so über 1000 Tracks anhören.

In der folgenden Tabelle sind alle Symbole und Abkürzungen aufgelistet, die Ihnen die Verwendung des Sprachführers erleichtern sollen:

🔊	Lautsprechersymbol, unter dem die Tracknummern der anhörbaren Phrasen aufgelistet sind
B01	Tracknummer, mit deren Hilfe Sie den damit markierten Satz auf der Audiodatei finden können
?	Lücke, in die Sie die darunter folgenden Alternativen einsetzen können
☑	Wort/Wörter, das/die Sie in den Lückensatz oben einsetzen können
etw. = etwas	noget (im Reisewörterbuch verwendet)

EINFÜHRUNG

jd, jdn, jdm = jemand, jemanden, jemandem	nogen (im Reisewörterbuch verwendet)
n., o	Neutrum (sächliches Geschlecht)

Die richtige Aussprache

Die dänische Aussprache der Buchstaben unterscheidet sich wesentlich von der deutschen. Deshalb finden Sie nach jedem dänischen Wort und Satz eine einfache lautschriftliche Umschreibung, die so weit wie möglich auf der deutschen Aussprache der Buchstaben beruht.

Die Betonung liegt meist auf der ersten Silbe.

Das dänische **A** wird unterschiedlich ausgesprochen. Oft bezeichnet es einen Laut, der zwischen dem deutschen **A** und **Ä** angesiedelt ist. Es wird aber auch manchmal wie ein kurzes bzw. langes **A** ausgesprochen. Es wird hier je nach Buchstabenkombination mit **ä**, **a** oder **a:** umschrieben.

Es gibt drei Sonderzeichen, die es zu beachten gilt. Die Buchstaben **æ**, **Æ** und **ø**, **Ø** entsprechen im Laut annähernd den deutschen Buchstaben **Ä** und **Ö**; **å**, **Å** wird wie eine verschmelzende Abfolge von **O** und **U** gesprochen.

H ist in den Kombinationen **hj** und **hv** stumm, wird also nicht gesprochen.

V wird immer wie **W** und nie wie **F** ausgesprochen.

S wird im Dänischen immer stimmlos wie in *Verlust* oder *Ergebnis* gesprochen.

In der folgenden Tabelle erklären wir Ihnen einige Symbole, die Laute darstellen, die im Deutschen nicht existieren und so eine genauere vereinfachte Lautschrift ermöglichen. Weitere Lautdarstellungen werden erklärt, damit keine Verwechslungen entstehen können. Laden Sie sich auf unserer Webseite unter www.hueber.de/audioservice die zum Sprachführer passenden Audiodateien herun-

DIE RICHTIGE AUSSPRACHE

ter; dann können Sie sich die Aussprache von phonetischen Beispielen und Wendungen auch anhören.

Wenn Sie noch mehr über das dänische Alphabet und die Aussprache erfahren möchten, lesen Sie auch S. 151 der Kurzgrammatik.

B01	'	steht immer vor der Wortsilbe, die betont wird.	**aften** ['aften] Abend
B02	ː	zeigt an, dass der Vokal, der diesem Symbol vorausgeht, lang gesprochen wird.	**sent** [seːnt] spät
B03	‿	verbindet Laute, die schnell hintereinander gesprochen werden und so nahezu zu einem etwas längerem Laut verschmelzen.	**hej** [ha‿i] hallo
B04	a	ist ohne darauffolgendes Längenzeichen immer kurz wie in *Schanze*.	**tak** [tak] danke
B05	au̯	klingt wie **au** wie in *herauf*.	**afgang** [au̯gaŋ] Abfahrt
B06	ə	ist ein sehr kurz ausgesprochenes **E**, so wie am Ende von *Seele* oder *Quelle*.	**ikke** ['ikə] nicht
B07	ɔ	steht für ein offen gesprochenes **O** wie in *Koffer*.	**hånd** [hɔnd] Hand
B08	ŋ	ist wie **ng** in *Ring*.	**ting** [tiŋ] Ding
B09	ou̯	ist wie **o** im Englischen *over* oder *go*.	**åben** ['ou̯bən] offen
B10	s	bezeichnet ein stimmloses S wie in *Verlust*.	**selv** [sel] selbst

DIE RICHTIGE AUSSPRACHE

B11	ð	steht für ein stimmhaftes, stark gelispeltes **S**, bei dem man die Zungenspitze über die obere Zahnreihe hinausschiebt, als wolle man die Zunge herausstrecken, und gleichzeitig den ersten Abschnitt der Zungenmitte kurz gegen die obere Zahnreihe und den Gaumen presst.	**ledig** [läði] frei, nicht besetzt
B12	u	ist ohne darauffolgendes Längenzeichen immer kurz wie in *Nummer*.	**hund** [hun] Hund

Rejseforberedelser
Reisevorbereitungen

REISEVORBEREITUNGEN

Eine Unterkunft buchen
En pladsbestilling

Ich möchte gern ☐ buchen.	Jeg vil gerne bestille ☐. [jaɪ wil 'gernə bə'stilə]
C01 ☑ eine Übernachtung mit Frühstück	☑ en overnatning med morgenmad [eːn 'oɐrnatniŋ með 'morənmað]
C02 ☑ eine Übernachtung mit Halbpension	☑ en overnatning med halvpension [eːn 'oɐrnatniŋ með 'halpaŋsion]
C03 ☑ eine Übernachtung mit Vollpension	☑ en overnatning med helpension [eːn 'oɐrnatniŋ með 'hälpaŋsion]
C04 ☑ ein Einzelzimmer	☑ et enkeltværelse [et 'enkəltwärəlsə]
C05 ☑ ein Doppelzimmer	☑ et dobbeltværelse [et 'dɔbəltwärəlsə]
C06 ☑ sieben Nächte Halbpension	☑ syv nætter halvpension [sü 'netər 'halpaŋsion]
C07 ☑ sieben Nächte Vollpension	☑ syv nætter helpension [sü 'netər 'hälpaŋsion]
C08 ☑ eine Ferienwohnung für *zwei/drei/vier* Personen	☑ en ferielejlighed til *to/tre/fire* personer [eːn 'feriəlaɪlihəð til toː/treː/fir per'sonər]
C09 ☑ ein Ferienhaus	☑ et feriehus [et 'feriəhus]
C10 mit einem Kinderbett	med en børneseng [með eːn 'börnəseŋ]
C11 für zwei Erwachsene und *ein Kind/zwei Kinder*	til to voksne og *et barn/to børn* [til toː 'wɔksnə o et barn/toː börn]
C12 mit Toilette	med toilet [með toi'let]
C13 mit *Dusche/Bad*	med *brusebad/bad* [með 'brusəbað/bað]
C14 für *eine Woche/zwei Wochen*	i *en uge/to uger* [i eːn 'uə/toː 'uər]
C15 (für die Zeit) vom ... bis zum ...	(til tiden) fra ... til ... [(til 'tiðən) fra ... til]
C16 in ruhiger Lage	i et roligt område [i et 'rolit 'ɔmrouðə]

REISEVORBEREITUNGEN

C17	in zentraler Lage	i et centralt område [i et sen'tralt 'ɔmrou̯ðə]
C18	in Strandnähe	i nærheden af stranden [i 'nærheðən a 'stranən]
C19	Sind Haustiere erlaubt?	Er husdyr tilladte? [er 'husdür 'tilatə]
C20	Können wir unseren Hund mitbringen?	Kan vi tage vores hund med? [kan wi ta 'worəs hun með]

Mit dem Hund auf Urlaub

Hunde können grundsätzlich nach Dänemark mitgenommen werden. Allerdings müssen einige strenge Voraussetzungen erfüllt werden, die in einem Heimtierausweis festgehalten werden. Eine Tollwutimpfung gehört unbedingt dazu. In jedem Fall muss der Tierarzt dem Haustier einen Mikrochip einpflanzen, dessen Nummer im Heimtierausweis vermerkt wird. Erkundigen Sie sich mindestens sechs Monate vor der Reise beim Tierarzt und Ihrer Fluggesellschaft. Die Einreise einiger als gefährlich geltender Hunderassen ist verboten. Eine Liste ist auf der Webseite der dänischen Botschaft Berlin www.ambberlin.um.dk zu finden. In Wäldern und an Stränden besteht im Sommer Leinenpflicht.

C21	Müssen wir Bettzeug und Handtücher selbst mitbringen?	Skal vi selv medbringe sengetøj og håndklæder? [skal wi sel 'meðbringə 'seŋgətɔi̯ o 'hɔnklæðər]
C22	Ich reise am ... um ca. ... Uhr an.	Jeg ankommer den ... ca. klokken ... [jai̯ 'ankɔmər dən ... 'sirka 'klɔkən]
C23	Wir reisen am ... ab.	Vi rejser den ... [wi 'rai̯sər dən]

REISEVORBEREITUNGEN

Ein Ticket buchen
Bestille en billet

Ich möchte gern ☑ buchen.	Jeg ville gerne bestille ☑. [jai 'wilə 'gernə bə'stilə]
C24 ☑ einen Flug	☑ et fly [et flü]
C25 ☑ eine Fähre	☑ en færge [eːn 'färjə]
C26 ☑ eine Reise	☑ en rejse [eːn raisə]
C27 Hin- und Rückfahrt, bitte.	En returbillet, tak. [eːn re'turbilet tak]
C28 Die Hinreise ist am ...	Henrejsen er den ... ['henraisən er dən]
C29 Die Rückreise ist am ...	Tilbagerejsen er den ... [til'bäjəraisən er dən]
C30 Ich würde gern einen Sitzplatz reservieren.	Jeg ville gerne reservere en siddeplads. [jai 'wilə 'gernə reser'werə eːn 'siðəplas]
C31 Ich möchte erster Klasse reisen.	Jeg ville gerne rejse på første klasse. [jai 'wilə 'gernə 'raisə pou 'förstə 'klasə]
Um wie viel Uhr geht ☑ nach ...?	Hvad tid går ☑ til ...? [wað tið gour ... til]
C32 ☑ die Fähre	☑ færgen ['färjən]
C33 ☑ der nächste Flug	☑ det næste fly [dä 'nästə flü]
C34 ☑ der nächste Zug	☑ det næste tog [dä 'nästə tou]
C35 Wann kommt der Zug an?	Hvornår ankommer toget? [wor'nour 'ankɔmər 'touət]
C36 Wann fährt der Bus ab?	Hvornår kører bussen? [wor'nour 'körər 'busən]
C37 Wie viel kostet das Ticket?	Hvad koster billetten? [wað 'kɔstər bi'letən]
C38 Bitte bestätigen Sie mir die Buchung schriftlich.	Vil du være så venlig at bekræfte bestillingen skriftligt. [wil du 'wäre sou 'wenli at bə'kräftə bə'stilingən 'skriftlit]

REISEVORBEREITUNGEN

| C39 | Ich möchte die Reservierung stornieren. | Jeg ville gerne afbestille reserveringen. [jai 'wilə 'gernə 'aubəstilə reser'weriŋən] |

Am Telefon
På telefonen

| ... på telefonen. Hvad kan jeg hjælpe dig med? [pou tele'fonən waδ kan jai 'jelpə dai meδ] | ... am Apparat. Wie kann ich Ihnen helfen? |

C40	Hier ist ...	Her er ... [her er]
C41	Bin ich hier richtig beim Hotel ...?	Er det rigtigt, at jeg er ved ... hotel? [er dä 'rigtit at jai er veδ ... ho'tel]
C42	Ich würde gern mit ... sprechen.	Jeg ville gerne tale med ... [jai 'wilə 'gernə 'tälə meδ]

REISEVORBEREITUNGEN

Han/Hun er desværre ikke der. [han/hun er desˈwärə ˈikə der]	*Er/Sie* ist leider nicht da.
Vil du efterlade en besked? [wil du ˈefterlaðə eːn bəˈskeð]	Möchten Sie eine Nachricht hinterlassen?

C43 Könnten Sie *ihm/ihr* ausrichten, dass ...	Kunne du lade *ham/hende* vide, at ... [ˈkunə du ˈlaðə ham/ˈhenə ˈwiðə at]
C44 Könnte *er/sie* mich zurückrufen?	Kunne *han/hun* ringe tilbage? [ˈkunə han/hun ˈringə tilˈbää]
C45 Meine Nummer ist 00 49	Mit nummer er nul nul fire ni .... [mit ˈnumər er nul nul ˈfir ni]

Welche Vorwahl ist richtig?

Die Vorwahl von Dänemark ist **0045**. Möchte man von Dänemark aus eine deutsche Nummer wählen, lautet die Vorwahl **0049**. Die Vorwahl für Österreich ist **0043** und die für die Schweiz **0041**.

C46 Könnten Sie mir die Nummer von ... geben?	Kunne du give mig nummeret på ...? [ˈkunə du ˈgiː mai̯ ˈnumərət pou̯]

Nummeret er ... [ˈnumərət er]	Die Nummer ist ...
C47 Auf Wiederhören!	Farvel! [farˈwel]

REISEVORBEREITUNGEN

Per E-Mail, Fax oder Brief
Per e-mail, fax eller brev

Sehr geehrter Herr ...,	Til hr. ..., [til her]
Sehr geehrte Frau ...,	Til fru ..., [til fru]

Eine höfliche Grußformel wie *Sehr geehrte Damen und Herren* wird in dänischen Briefen nicht benutzt. Man beginnt einen förmlichen Brief einfach ohne Anrede.

Bitte lassen Sie mich wissen, ▢.	Vær så venlig at lade mig vide, ▢. [wär sou 'wenli at 'laðə mai 'wiðə]
▢ ob die Unterkunft noch frei ist	▢ om der stadig væk er ledigt [om der 'staði wek er 'läðit]
▢ wie viel das kostet und was der Preis mit einschließt	▢ hvor meget det koster, og hvad der er medregnet [wor 'maiət dä 'kɔstər o wað der er 'meðrainət]
▢ ob eine Anzahlung erforderlich ist	▢ om en forudbetaling er nødvendig [om eːn 'foruðbətäling er nöð'wendi]
Mit freundlichen Grüßen	Med venlig hilsen [með 'wenli 'hilsən]

Angaben zur Person machen
Oplysninger om en person

Hvad er ▢? [waðer]	Wie lautet ▢?
▢ dit fornavn [dit 'fornaun]	▢ Ihr Vorname
▢ dit efternavn [dit 'eftərnaun]	▢ Ihr Nachname
▢ din adresse [diːn a'dressə]	▢ Ihre Adresse

REISEVORBEREITUNGEN

☑ dit telefonnummer [dit teleˈfonnumər]	☑ Ihre Telefonnummer
☑ dit mobiltelefonnummer [dit moˈbiːl teleˈfonnumər]	☑ Ihre Handynummer
☑ din e-mailadresse [diːn ˈiːmäl aˈdresə]	☑ Ihre E-Mail-Adresse

C48	Ich heiße...	Jeg hedder ... [jai heðər]
C49	Meine Telefonnummer ist ...	Mit telefonnummer er ... [mit teleˈfonnumər er]
C50	Meine Handynummer ist ...	Mit mobiltelefonnummer er ... [mit moˈbiːl teleˈfonnumər er]
C51	Meine E-Mail-Adresse lautet ...	Min e-mailadresse er ... [miːn ˈiːmäl aˈdresə er]

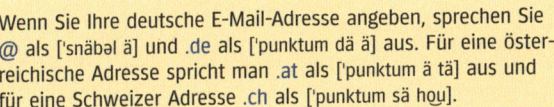

Wenn Sie Ihre deutsche E-Mail-Adresse angeben, sprechen Sie @ als [ˈsnäbəl ä] und .de als [ˈpunktum dä ä] aus. Für eine österreichische Adresse spricht man .at als [ˈpunktum ä tä] aus und für eine Schweizer Adresse .ch als [ˈpunktum sä hou̯].

Hvilken nationalitet har du? [ˈwilkən nasionaliˈtät har du]	Welche Nationalität haben Sie?

C52	Ich bin *Deutsche(r)/ Österreicher(in)/ Schweizer(in)*.	Jeg er *tysker/østriger/svejtser* [jai er ˈtüskər/ ˈöstriər/ˈswai̯tsər]

På rejsen
Auf der Reise

AUF DER REISE

An der Grenze
Ved grænsen

> **Den Reisepass nicht vergessen!**
>
> Bei der Einreise nach Dänemark aus der Bundesrepublik Deutschland, der Schweiz und Österreich ist ein gültiger Reisepass oder Personalausweis mitzuführen. Diese Reisedokumente müssen noch mindestens drei Monate gültig sein. Seit dem 1. Januar 2006 ersetzt der Kinderreisepass den Kinderausweis.

Paskontrol! ['paskɔntrɔl]	Die Pässe, bitte!
Vær så venlig at have jeres pas parat! [wär sou 'wenli at 'häwə 'jerəs pas pa'ra:t]	Bitte halten Sie die Pässe bereit!

D01 Bitte sehr.	Værsgo. [wärs'go]
D02 Ich kann meinen Pass nicht finden.	Jeg kan ikke finde mit pas. [jai kan 'ikə 'finə mit pas]

Vær så venlig at gå til siden. [wär sou 'wenli at gou til 'siðən]	Bitte treten Sie an die Seite.
Vær så venlig at åbne bagagerummet. [wär sou 'wenli at 'oubnə ba'gäschərumət]	Bitte öffnen Sie den Kofferraum.

> Alkohol und Tabak sind in Dänemark sehr teuer. Es empfiehlt sich, die vom Zoll erlaubte Menge für den Eigenbedarf mitzubringen. Bitte informieren Sie sich über die aktuellen Bestimmungen, die für Sie gelten.

AUF DER REISE

Wo gehts lang?
Hvordan kommer man derhen?

D03 Ich habe mich verfahren/verlaufen.	Jeg er faret vild. [jai er 'farət wil]
Wie komme ich ??	Hvordan kommer jeg ?? [wor'dan 'kɔmər jai]
D04 ☑ zur Autobahn	☑ til motorvejen [til 'motorwaiən]
D05 ☑ zum Bahnhof	☑ til banegården [til 'bänəgourən]
D06 ☑ zum Fährhafen	☑ til havnen [til 'haunən]
D07 ☑ zum Flughafen	☑ til lufthavnen [til 'lufthaunən]

Du skal køre videre ??. [du skal 'körə 'wiðərə]	Fahren Sie weiter ??.
☑ hen til den næste lyskurv [hen til dən 'nästə 'lüskurw]	☑ bis zur nächsten Ampel
☑ til du kommer til enden af vejen [til du 'kɔmər til 'enən a 'waiən]	☑ bis Sie zum Ende der Straße kommen
☑ til den anden rundkørsel [til dən 'anən 'runkörsəl]	☑ bis zum zweiten Kreisverkehr
☑ til byens centrum [til 'büəns 'sentrum]	☑ bis ins Stadtzentrum
Du skal dreje af til *venstre/højre*. [du skal 'draiə ä til 'wenstrə/'hɔirə]	Biegen Sie *links/rechts* ab.
Du skal tage den anden gade på *venstre/højre* hånd. [du skal ta dən 'anən 'gaðə pou 'wenstrə/'hɔirə hɔn]	Nehmen Sie die zweite Straße *links/rechts*.
Du skal vende om. [du skal 'wenə ɔm]	Drehen Sie um.
Du skal fortsætte med at køre lige ud. [du skal 'fortsetə məð at 'körə 'li:ə uð]	Fahren Sie immer geradeaus.
Du skal blive i denne gade. [du skal 'bli:wə i 'denə 'gaðə]	Folgen Sie dem Straßenverlauf.

AUF DER REISE

D08	Wie weit ist es noch bis ...?	Hvor langt er der endnu til ... ? [wor langt er der 'enu til]
D09	Wie viele Kilometer ...?	Hvor mange kilometer ... ? [wor 'mange kilo'mätər]

Gaden er spærret. ['gaðən er 'spärət]	Die Straße ist gesperrt.
Du skal tage omkørslen. [du skal ta 'omkörslən]	Nehmen Sie die Umleitung.

D10	Gibt es eine alternative Route?	Findes der en anden vej? [finəs der e:n anən wai]
D11	Darf ich hier parken?	Må jeg parkere her? [mou jai par'kerə her]

Tanken und Rasten
Fylde benzin på og holde hvil

	Wo ist ☐?	Hvor er ☐? [wor er]
D12	☐ die nächste Tankstelle	☐ den næste benzintank [dən 'nästə ben'sintank]
D13	☐ die nächste Raststätte	☐ den næste restauration [dən 'nästə 'restɔrasion]
D14	Bitte volltanken.	Fyld den op, tak. [fül dən ɔp tak]
	Ich tanke ☐.	Bilen bruger ☐. ['bi:lən 'bruər]
D15	☐ Diesel	☐ diesel ['di:səl]
D16	☐ Benzin	☐ benzin/92 oktan [ben'sin/'toohalfems ok'tän]
D17	☐ Super/Super plus	☐ 95 oktan/98 oktan ['femohalfems ok'tän/ 'outəohalfems ok'tän]
	Könnten Sie bitte ☐?	Vil du være så venlig at ☐? [wil du wär sou 'wenli at]

AUF DER REISE

D18 ☑ das Wasser nachsehen	☑ tjekke vandet ['tschekə 'wanət]
D19 ☑ das Öl prüfen	☑ tjekke oliestanden ['tschekə 'oliəstanən]
D20 ☑ Öl nachfüllen	☑ fylde olien op ['fülə 'oliən ɔp]
D21 ☑ den Reifendruck prüfen	☑ tjekke dæktrykket ['tschekə 'dektrükət]
D22 Ich habe aus Versehen *Diesel/Benzin* getankt!	Jeg har ved en fejltagelse fyldt *diesel/benzin* på! [jai har weð e:n 'failtäəlsə fült 'di:səl/ ben'sin pou]

Panne und Unfall
Uheld og ulykke

D23 Ich habe einen Platten.	Jeg er punkteret. [jai er punk'terət]

AUF DER REISE

D24	Könnten Sie bitte den Reifen wechseln?	Vil du være så venlig at udskifte dækket? [wil du wär sou 'wenli at 'uðskiftə 'dekət]
	Ich brauche ⸮.	Jeg har brug for ⸮. [jai har bru for]
D25	☑ einen Abschleppdienst	☑ en bugseringsservice [e:n buk'seringsserwis]
D26	☑ eine *VW®-/BMW®-*Vertragswerkstatt	☑ et *VW®/BMW®* værksted [et we:'dɔbəlwe:/be:em'dɔbəlwe: 'werksteð]
D27	Bitte schleppen Sie den Wagen bis zur nächsten Werkstatt.	Vil du være så venlig at tage bilen på slæb til det næste værksted? [wil du wär sou 'wenli at ta 'bi:lən pou slä:b til dä 'nästə 'werksteð]
D28	Der Motor springt nicht an.	Jeg kan ikke starte motoren. [jai kan 'ikə 'startə 'motorən]
D29	Die Kupplung ist kaputt.	Koblingen er i stykker. ['kɔblingən er i 'stükər]
D30	Der Tank ist leer.	Tanken er tom. ['tankən er tɔm]
D31	Bis wann können Sie es reparieren?	Hvor lang tid vil det tage at reparere den? [wor lang tið wil dä ta at repa'rerə dən]
D32	Es gab einen Unfall.	Der er sket en ulykke. [der er ske:t e:n 'ulükə]
D33	Bitte geben Sie mir die Anschrift Ihrer Versicherung.	Kan du give mig oplysningerne om din forsikring? [kan du gi mai 'ɔplüsningərnə ɔm di:n for'sikring]
D34	Rufen Sie bitte *die Polizei/einen Krankenwagen!*	Tilkald *politiet/en ambulance!* ['tilkal poli'tiət/e:n ambu'langsə]
D35	... Personen sind (schwer) verletzt.	.. personer er (hårdt) såret. [per'sonər er (hourt) sourət]
D36	Haben Sie den Unfall gesehen?	Har du set ulykken? [har du se:t 'ulükən]
D37	Bitte geben Sie mir Ihre Anschrift.	Kan du give mig din adresse? [kan du gi mai di:n a'dresə]

AUF DER REISE

Verkehrskontrolle
Trafikkontrol

Das allgemeine Tempolimit auf Autobahnen in Dänemark liegt bei 130 km/h. Im Umkreis größerer Städte sowie auf der Brücke über den Großen Belt beträgt die Höchstgeschwindigkeit 110 km/h. In geschlossenen Ortschaften ist die Höchstgeschwindigkeit 50 km/h, außerhalb der Ortschaften 80 km/h.

Må jeg se dit kørekort? [mou jai se: dit 'körekort]	Kann ich bitte Ihren Führerschein sehen?
Må jeg se kontrakten på din udlejningsvogn? [mou jai se: 'kontraktən pou di:n 'uðlainingswoun]	Kann ich bitte Ihren Mietwagenvertrag sehen?

D38 Bitte sehr.	Værsgo. [wärs'go]

Mange tak. ['mangə tak]	Vielen Dank.

D39 Es tut mir sehr leid – ich habe meine Papiere nicht dabei.	Det gør mig meget ondt – jeg har ikke mine papirer med. [dä gör mai 'maiət ont jai har 'ikə 'mi:nə pa'pirər með]

Være så venlig at stige ud. [wär sou 'wenli at sti:ə uð]	Bitte steigen Sie aus.
Jeg må på grund af en hastighedsovertrædelse give dig en bøde. [jai mou pou grɔn a e:n 'hastiheðs 'oərträdəlsə gi dai e:n 'bödə]	Ich muss Sie wegen Geschwindigkeitsübertretung mit einem Bußgeld belangen.

AUF DER REISE

D40	Ich möchte das Bußgeld gleich zahlen.	Jeg vil gerne betale bøden med det samme. [jai wil 'gernə bə'tälə 'böðən með dä samə]
D41	Ich habe *kein/nicht genug* Bargeld dabei.	Jeg har *ingen/ikke nok* rede penge med. [jai har 'ingən/'ikə nɔk 'räðə 'peŋgə með]

Fünf Tipps für Autofahrer

1. Fahrzeuge müssen rund um die Uhr das Abblendlicht eingeschaltet haben. **2.** Das Telefonieren mit dem Handy während der Fahrt ohne Freisprechanlage ist verboten. **3.** Die Promillegrenze liegt bei 0,5 %. **4.** Weiße Dreiecke auf der Fahrbahn („Haifischzähne", hajtænder ['haitenər]) bedeuten „Vorfahrt achten!". Die Fahrzeuge auf der Spur ohne diese haben Vorfahrt. **5.** Es gibt keine Autobahn- oder Mautgebühren, außer an den Brücken über den Großen Belt und den Öresund.

Unterwegs mit Bus, U-Bahn und Zug
Undervejs med bus, metro og tog

D42	Ich möchte nach ... fahren.	Jeg vil gerne tage til ... [jai 'wil 'gernə ta til]
D43	Welcher Zug fährt nach ...?	Hvilket tog kører til ... ? ['wilkət tou 'körər til]
D44	Fährt dieser Bus nach ...?	Kører denne bus til ... ? ['körər 'denə bus til]
D45	An welcher Haltestelle muss ich aussteigen?	Ved hvilket stoppested skal jeg stå af? [weð 'wilkət 'stɔpəsteð skal jai stou ä]

🔊 AUF DER REISE

D46	Können Sie mir Bescheid sagen, wenn ich aussteigen muss?	Kunne du give mig besked, når jeg skal stå af? ['kunə du 'gi mai bə'skeð nour jai skal stou ä]
D47	Muss ich hier umsteigen?	Skal jeg skifte her? [skal jai 'skiftə her]

Öffentliche Verkehrsmittel

Die U-Bahn in Kopenhagen wird metro ['metro] genannt. Sie ist das schnellste Transportmittel in Kopenhagen, insbesondere zwischen der Innenstadt und dem Flughafen. Bahn- und Busfahrten kann man überall leicht kombinieren, da die Fahrkarte für beides gilt. Auch für die sogenannten Wasserbusse (vandbusser ['wanbusər]), die durch die Kanäle Kopenhagens fahren, kann man die Fahrkarte benutzen.

AUF DER REISE

D48	Wann kommt der nächste Bus nach ...?	Hvornår kommer den næste bus til ... ? [wor'nour 'kɔmər dən 'nästə bus til]
D49	Wann kommt der nächste Zug?	Hvornår kommer det næste tog? [wor'nour 'kɔmər dä 'nästə tou]
D50	Wann kommt die nächste U-Bahn?	Hvornår kommer den næste metro? [wor'nour 'kɔmər dən 'nästə 'metro]
D51	Eine einfache Fahrt nach ..., bitte.	En enkeltbillet til ..., tak. [e:n 'enkeltbilet til ... tak]
D52	Hin- und zurück nach ...	En returbillet til ... [e:n re'turbilet til]
D53	Eine Tageskarte, bitte.	En endagsbillet, tak. [e:n 'e:ndäsbilet tak]
D54	Gilt diese Karte auch für ...?	Gælder denne billet også til ... ? ['gelər denə bi'let 'ɔsə til]
	Wo ist ☑?	Hvor er ☑? [wor er]
D55	☑ die nächste U-Bahnhaltestelle	☑ det næste metrostoppested [dä 'nästə 'metrostɔpəsteð]
D56	☑ die nächste Bushaltestelle	☑ det næste busstoppested [dä 'nästə 'busstɔpəsteð]
D57	☑ der Busbahnhof	☑ busstationen ['busstasionən]
	(für Reisebusse)	☑ rutebilstationen ['rutəbi:lstasionən]
D58	☑ der Bahnhof	☑ banegården ['bänegouərn]
D59	Von welchem Gleis geht der Zug nach ...?	Fra hvilket spor går toget til ... ? [fra 'wilkət spor gour 'touət til]

Für kurze Fahrten nimmt man am besten den Bus. Auch für längere Fahrten kann es vorteilhaft sein, den Linienbus (rutebil ['rutəbi:l]) zu wählen, da er oft günstiger als der Zug ist.

AUF DER REISE

Rund ums Gepäck
Alt om bagagen

| Har du bagage (til indlevering)? [har du ba'gäschə (til 'indləveriŋ)] | Haben Sie Gepäck (zum Einchecken)? |
| Din bagage vejer for meget. [di:n ba'gäschə waiər for maiət] | Ihr Gepäck hat Übergewicht. |

E01	Ich möchte mein Gepäck aufgeben.	Jeg vil gerne indlevere min bagage. [jai wil 'gernə 'inləverə mi:n ba'gäschə]
E02	Ich habe nur Handgepäck.	Jeg har kun håndbagage. [jai har kun 'honbagäschə]
E03	Wo kann ich meinen Koffer abholen?	Hvor kan jeg afhente min kuffert? [wor kan jai 'auhentə mi:n 'kɔfert]
E04	Sperrgepäck	særlig bagage ['särli ba'gäschə]
	Mein Gepäck ☐.	Min bagage☐. [mi:n ba'gäschə]
E05	☑ ist nicht angekommen	☑ er ikke ankommet [er 'ikə 'ankɔmət]
E06	☑ ist beschädigt	☑ er beskadiget [er bə'skäðiət]
E07	Mein Gepäck ist nicht vollständig.	Noget af min bagage mangler. ['nouət a mi:n ba'gäschə 'maŋlər]
E08	Wo gibt es hier Schließfächer?	Hvor er der bokse? [wor er der bɔksə]

Am Flughafen
Ved lufthavnen

E09	Wie komme ich zu Terminal *eins/zwei*?	Hvordan kommer jeg til terminal *et/to*? [wor'dan 'kɔmər jai til 'terminäl et/to:]
	Wo finde ich ☐?	Hvor finder jeg ☐? [wor 'finər jai]

AUF DER REISE

E10	☑ einen Informationsstand der Lufthansa®	☑ en Lufthansa® informationsdisk [eːn 'lufthansa informasi'onsdisk]
E11	☑ einen SAS®-Schalter	☑ en SAS® skranke [eːn es a es 'skrankə]
E12	Wann geht der nächste Flug nach ...?	Hvornår går det næste fly til ...? [wor'nour gour dä 'nästə flü til]
E13	Den nehme ich.	Det tager jeg. [dä tar jai]
	Ich möchte ☐.	Jeg vil gerne ☐. [jai vil 'gernə]
E14	☑ Economy Class fliegen	☑ flyve på Economy Class ['flüwə pou i'konəmi klaːs]
E15	☑ Business Class fliegen	☑ flyve på Business Class ['flüwə pou 'bisnis klaːs]
E16	☑ erster Klasse fliegen	☑ flyve på første klasse ['flüwə pou 'förstə klasə]
E17	☑ am Fenster sitzen	☑ sidde ved vinduet ['siðə weð 'winduət]
E18	☑ am Gang sitzen	☑ sidde ved gangen ['siðə weð 'gangən]
E19	☑ meinen Flug umbuchen	☑ ombooke mit fly ['ɔmbukə mit flü]
E20	☑ meinen Flug stornieren	☑ afbestille mit fly ['aubəstilə mit flü]
E21	Warum hat die Maschine Verspätung?	Hvorfor er maskinen forsinket? [wor'for er mas'kinən for'sinkət]
E22	Wie viel Verspätung hat die Maschine?	Hvor længe er den forsinket? [wor 'längə er dən for'sinkət]

Fly nummer ... er aflyst. [flü 'numər ... er 'aulüst]	Der Flug Nummer ... ist abgesagt.

AUF DER REISE

Mit dem Schiff
Med skib

Ein beliebtes Reiseziel: Bornholm

Die dänische Insel Bornholm liegt in der Ostsee nahe der schwedischen Küste. Sie ist bei deutschen Touristen sehr beliebt und unterscheidet sich geologisch and landschaftlich von den anderen Gebieten Dänemarks. Obwohl die Insel relativ klein ist, bietet sie neben ihrem milden Meeresklima landschaftliche Vielfalt, wie z. B. Berge im Norden und Sandstrände im Süden.

E23	Wann läuft *das Schiff/die Fähre* aus?	Hvornår går *skibet/færgen*? [wor'nour gour 'skiːbət/'färjən]
	Wo finde ich ☒?	Hvor finder jeg ☒? [wor 'finər jai]
E24	☒ die Kabine Nr. ...	☒ kabine nr. ... [ka'biːnə 'numər]
E25	☒ das Bordrestaurant	☒ restauranten om bord [restou'raŋən ɔm bor]
E26	Mir ist übel.	Jeg føler mig utilpas. [jai 'föːlər mai 'utilpas]

E27 Ich muss mich übergeben.	Jeg skal kaste op. [jai skal ˈkaste ɔp]
E28 Ich brauche einen Brechbeutel.	Jeg har brug for en opkastningspose. [jai har bru fɔr eːn ˈɔpkastniŋspoːsə]

Mysteriöses Grönland

Grönland (Grønland [ˈgrønlan]) liegt im nördlichen Polarkreis. Es ist die größte Insel der Welt, hat aber nur rund 60.000 Einwohner. Die Ureinwohner gehören dem Volksstamm der Inuit an. Die Verbindungen mit Dänemark reichen bis in die Wikinger-Zeit zurück. Grönland gehört immer noch formell zum Königreich Dänemark, ist aber jetzt innenpolitisch unabhängig. Als Währung gilt noch die dänische Krone. Grönland ist touristisch wenig erschlossen und bietet gerade deswegen einiges für den Abenteuerreisenden. Die Einreisebestimmungen sind die gleichen wie für Dänemark.

Grönland

AUF DER REISE

Ein Fahrzeug mieten
Leje et køretøj

Ich möchte ☐ mieten.	Jeg vil leje ☐. [jai wil 'laiə]
E29 ☑ ein Auto	☑ en bil [eːn biːl]
E30 ☑ einen Automatikwagen	☑ en automatik vogn [eːn auto'mätik voun]
E31 ☑ ein Auto mit Allradantrieb	☑ en bil med træk på alle hjul [eːn biːl með trek pou 'alə juːl]
E32 ☑ ein Cabrio	☑ en cabriolet [eːn 'cabriolä]
E33 ☑ ein Motorrad	☑ en motorcykel [eːn 'motorsykəl]
E34 mit Klimaanlage	med klimaanlæg [með 'kliːmaanläg]
E35 mit Navigator	med navigation [með nawigasi'on]
E36 Wie viel kostet das pro Tag?	Hvor meget koster det per dag? [wor 'maiət 'kɔstər dä per däː]
E37 Wie viel kostet das pro Woche?	Hvor meget koster det per uge? [wor 'maiət 'kɔstər dä per 'uːə]
E38 Ist der Preis inklusive Versicherung?	Er forsikring medregnet i prisen? [er fɔr'sikring 'meðrainət i 'priːsən]
E39 Ist der Preis inklusive Vollkasko?	Er kaskodækning medregnet i prisen? [er 'kaskodekning 'meðrainət i 'priːsən]
E40 Wann muss ich das Fahrzeug zurückbringen?	Hvornår skal jeg tilbagelevere køretøjet? [wor'nour skal jai til'bäələwerə 'köratoiət]
E41 Wo sind die Fahrzeugpapiere?	Hvor er papirerne på køretøjet? [wor er pa'pirernə pou 'körətoiət]
E42 Wo ist der Mietvertrag?	Hvor er lejekontrakten? [wor er 'laiəkɔntraktən]

AUF DER REISE

Ein Taxi nehmen
Tage en taxa

Taxi oder taxa

Ein Taxi heißt in Dänemark wahlweise taxi ['taksi] oder (häufiger) taxa ['taksa]. Der Kilometerfahrpreis wird laufend angezeigt und richtet sich nach der Uhrzeit. Das Trinkgeld ist inbegriffen, aber für Wartezeiten, Hilfe mit dem Gepäck oder die Mitnahme eines Fahrrads kann eine zusätzliche Gebühr verlangt werden.

E43	Bitte fahren Sie mich nach/zu …!	Vil du godt køre mig til … ! [wil du gɔt 'körə mai til]
E44	Könnten Sie schneller fahren?	Kunne du køre hurtigere? ['kunə du 'körə 'hurtiərə]
E45	Könnten Sie langsamer fahren?	Kunne du køre langsommere? ['kunə du 'körə 'laŋgsɔmərə]
E46	Was kostet die Fahrt nach …?	Hvad koster turen til … ? [wað 'kɔstər 'tuːrən til]
E47	Bitte halten Sie dort!	Vil du godt holde der! [vil du gɔt hɔlə der]
E48	Ich hätte gern für morgen früh ein Taxi zum Flughafen.	Jeg vil gerne bestille en taxa til lufthavnen til i morgen tidlig. [jai wil 'gernə 'bəstilə eːn 'taksa til 'lufthaunən til i 'morən 'tiðli]

Endelig der: logiet
Endlich da: die Unterkunft

ENDLICH DA: DIE UNTERKUNFT

Beim Ankommen
Ved ankomsten

Können Sie mir sagen, wo ⬚ ist?	Kan du sige mig, hvor ⬚ er? [kan du si mai wor ... er]
F01 ☑ die Rezeption	☑ receptionen [resepsi'onən]
F02 ☑ mein Zimmer	☑ mit værelse [mit 'wärəlsə]
F03 ☑ unser Zeltplatz	☑ vores teltplads ['worəs 'teltplas]
F04 Wir haben reserviert.	Vi har reserveret. [wi har reser'werət]
F05 Die Zimmerschlüssel, bitte.	Nøglen til værelset, tak. ['noiələn til 'wärəlsət tak]

Sich nach dem Wichtigsten erkundigen
Forhøre sig om det vigtigste

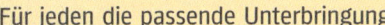

Für jeden die passende Unterbringung

Eine der beliebtesten Übernachtungsmöglichkeiten ist das Ferienhaus, feriehus ['feriəhus]. Man kann es über das Internet (z. B. bei www.visitdenmark.com) buchen. Ein Aufenthalt auf dem Bauernhof (bondegård ['bɔnəgour]) ist auch sehr beliebt, insbesondere bei Familien mit kleinen Kindern. Schauen Sie bei www.bondegaardsferie.dk nach. Günstig ist privatovernatning [pri'wätˌouərnatning] oder Bed and Breakfast – die Übernachtung in einem Privatzimmer mit Frühstück. Hilfe bei der Auswahl findet man auch vorort im Fremdenverkehrsbüro (turistbureau [tu'ristbüro]).

Wo gibt es hier ⬚?	Hvor findes der ⬚? [wor 'finəs der]
F06 ☑ ein einfaches Hotel	☑ et beskedent hotel [et bə'skeðənt ho'tel]

Endlich da: die Unterkunft

F07 ☑ ein gutes Hotel	☑ et godt hotel [et gɔt ho'tel]
F08 ☑ eine Pension	☑ et pensionat [et pangsio'nät]
F09 ☑ eine Jugendherberge	☑ et vandrehjem [et 'wandrəjem]
F10 ☑ einen Campingplatz	☑ en campingplads [e:n 'kampiŋplas]
Wo ist ☐?	Hvor er ☐? [wor er]
F11 ☑ die Bar	☑ baren ['barən]
F12 ☑ der Speisesaal	☑ spisesalen ['spi:səsälən]
Gibt es ☐?	Er der ☐? [er der]
F13 ☑ ein Telefon	☑ en telefon [e:n tele'fon]
F14 ☑ einen Fernseher	☑ et fjernsyn [et 'fjernsün]
F15 ☑ einen Zugang zum Internet	☑ en adgang til internettet [e:n 'aðgang til 'intərnetət]
F16 ☑ eine Waschmaschine	☑ en vaskemaskine [e:n 'waskəmaski:nə]
F17 ☑ einen Trockner	☑ en tørretumbler [e:n 'törətamblər]

Um etwas bitten
Bede om noget

Ich möchte ☐.	Jeg vil gerne have ☐. [jaj wil 'gernə ha]
F18 ☑ ein anderes Zimmer	☑ et andet værelse [et 'anət 'wärəlsə]
F19 ☑ ein ruhiges Zimmer	☑ et roligt værelse [et 'rolit 'wärəlsə]
F20 ☑ ein Nichtraucherzimmer	☑ et ikkeryger værelse [et 'ikərüər 'wärəlsə]
F21 ☑ eine zusätzliche Decke	☑ et ekstra tæppe [et 'ekstra 'tepə]
F22 ☑ noch ein Kissen	☑ en pude mere [e:n 'puðə mer]
F23 ☑ sauberes Bettzeug	☑ rent sengetøj [re:nt 'seŋətoi]

Sich beschweren
Beklage sig

F24	Das Zimmer riecht unangenehm.	Værelset lugter ubehageligt. ['wærəlsət 'lugtər ubə'hä:əlit]
F25	Das Licht geht nicht.	Lyset virker ikke. ['lüsət 'wirkər 'ikə]
F26	Die Dusche funktioniert nicht.	Bruseren virker ikke. ['brusərən 'wirkər 'ikə]
F27	Die Toilette ist verstopft.	Toilettet er forstoppet. ['toiletət er for'stɔpət]
F28	Der Abfluss ist verstopft.	Afløbet er forstoppet. ['aulöbət er for'stɔpət]
F29	Das Bettzeug ist schmutzig.	Sengetøjet er snavset. ['seŋətoiət er 'snausət]
F30	Es gibt kein warmes Wasser.	Der er ikke noget varmt vand. [der er 'ikə 'nouət warmt wan]
F31	Das Schloss ist kaputt.	Låsen er i stykker. ['lousən er i 'stükər]
F32	Es ist zu laut.	Det er for højlydt. [dä er for 'hɔilüt]
F33	Ich möchte ein anderes Zimmer.	Jeg ville gerne have et andet værelse. [jai 'wilə 'gernə ha et 'anət 'wærəlsə]

Rejse med børn
Mit Kindern reisen

MIT KINDERN REISEN

Ganz allgemein
Helt almindeligt

Rejser du med børn? ['raisər du með börn]	Reisen Sie mit Kindern?

G01	Ja, wir sind mit *einem Kind/Kindern* unterwegs.	Ja, vi er på vej med *et barn/børn*. [ja wi er pou wai með et barn/börn]

Hvor *gammelt/gamle* er *dit barn/dine børn*? [wor 'gaməlt/'gamlə er dit barn/'di:nə börn]	Wie alt *ist Ihr Kind/sind Ihre Kinder*?

G02	*Er/Sie* ist ... Jahre alt.	*Han/Hun* er ... år gammel. [han/hun er ... our 'gaməl]
G03	Ist das für Kinder geeignet?	Er det egnet for børn? [er dä 'ainət for börn]
G04	Gibt es eine Kinderermäßigung?	Er der en børnerabat? [er der e:n 'börnərabat]

Sicherheit
Sikkerhed

G05	Ist das auch ungefährlich für Kinder?	Er det også ufarligt for børn? [er dä 'ɔsɔ 'ufarlit for börn]
	Wir brauchen ☐.	Vi har brug for ☐. [wi har bru for]
G06	☑ einen Kindersitz für das Auto	☑ et børnesæde til bilen [et 'börnəsäðə til 'bi:lən]
G07	☑ einen Kindersitz für das Fahrrad	☑ et børnesæde til cyklen [et 'börnəsäðə til 'süklən]
G08	☑ einen Gurt, um das Kind anzuschnallen	☑ en sikkerhedssele til børn [e:n 'sikərheðsse:lə til börn]

MIT KINDERN REISEN

Unterhaltung
Underholdning

Gibt es hier ☒?	Er der ☒ her? [er der … her]
G09 ☒ einen Spielplatz	☒ en legeplads [eːn ˈlai̯əplas]
G10 ☒ ein Planschbecken	☒ et soppebassin [et ˈsɔpəbaseŋ]
G11 ☒ ein Spielwarengeschäft	☒ en legetøjsforretning [eːn ˈlai̯ətoi̯sforetning]
G12 ☒ einen Freizeitpark	☒ en fritidspark [eːn ˈfritiðspark]
G13 Gibt es ein Programm mit Kinderunterhaltung?	Er der et underholdningsprogram for børn? [er der et ˈunərhɔlningsprogram for børn]
G14 Wir brauchen einen Babysitter.	Vi har brug for en babysitter. [wi har bru for eːn ˈbäbisitər]

Beim Essen
Ved måltidet

Haben Sie ☒?	Har du ☒? [har du]
G15 ☒ einen Hochstuhl	☒ en høj barnestol [eːn hoi̯ ˈbarnəstoːl]
G16 ☒ ein Lätzchen	☒ en hagesmæk [eːn ˈhäːəsmek]
G17 ☒ einen Stillraum	☒ en ammestue [eːn ˈaməstuːə]
G18 ☒ eine Wickelmöglichkeit	☒ et puslebord [et ˈpusləbor]
G19 ☒ ein Kindermenü	☒ en børnemenu [eːn ˈbørnəmenü]
G20 Bieten Sie auch Kinderportionen an?	Tilbyder du også børneportioner? [ˈtilbüðər du ˈɔsə ˈbørnəporsionər]
G21 Könnten Sie das Fläschchen aufwärmen?	Vil du godt varme flasken? [wil du gɔt ˈwarmə ˈflaskən]

MIT KINDERN REISEN

G22 Könnten Sie das Gläschen aufwärmen? | Vil du godt varme glasset? [wil du got 'warmə 'glasət]

Særlige behov
Besondere Bedürfnisse

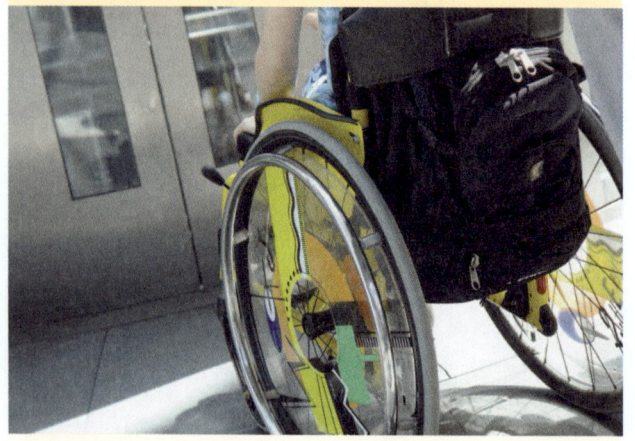

BESONDERE BEDÜRFNISSE

Nützliches für behinderte Reisende
Gavnlige udtryk for rejsende med handicap

Ich bin ⍰.	Jeg er ⍰. [jai er]
H01 ⍰ behindert	⍰ handicappet ['handikapət]
H02 ⍰ sehbehindert	⍰ svagsynet ['swä:sünət]
H03 ⍰ blind	⍰ blind [blin]
H04 ⍰ schwerhörig	⍰ tunghør ['tuŋhör]
H05 ⍰ taub	⍰ døv [döw]
H06 Könnten Sie bitte etwas lauter sprechen?	Vil du godt tale lidt højere? [wil du gɔt 'täle lit 'hɔiərə]
H07 Würden Sie das für mich aufschreiben?	Ville du skrive det op for mig? ['wilə du 'skri:wə dä ɔp for mai]
Gibt es ⍰?	Er der ⍰? [er der]
H08 ⍰ Parkplätze für Behinderte	⍰ parkeringspladser for handicappede [par'keriŋsplasər for 'handikapəðə]
H09 ⍰ einen Rollstuhl	⍰ en rullestol [e:n 'rulasto:l]
H10 ⍰ eine Rollstuhlauffahrt	⍰ en rullestolsopkørsel [e:n 'rulasto:lsɔpkörsəl]
H11 ⍰ einen Behindertenzugang	⍰ en adgang for handicappede [e:n 'aðgang for 'handikapəðə]
H12 ⍰ eine Behindertentoilette	⍰ et toilet for handicappede [et tɔi'let for 'handikapəðə]
H13 ⍰ eine Umziehkabine für Behinderte	⍰ et omklædningsrum for handicappede [et 'ɔmklädniŋsrum for 'handikapəðə]
H14 Ich hätte gern den Schlüssel für die Behindertentoilette.	Jeg vil gerne have nøglen til toilettet for handicappede. [jai wil 'gernə ha 'nɔilən til tɔi'letət for 'handikapəðə]
Könnten Sie ⍰?	Kunne du ⍰? ['kunə du]
H15 ⍰ mir helfen	⍰ hjælpe mig ['jelpə mai]

BESONDERE BEDÜRFNISSE

H16	☑ mir über die Straße helfen	☑ hjælpe mig over gaden ['jelpə mai̯ 'ɔu̯ər 'gaðən]
H17	☑ mir die Tür aufhalten	☑ holde døren åben for mig ['holə 'dörən 'ou̯bən for mai̯]
H18	Kann ich meinen Blindenhund mitnehmen?	Kan jeg tage min førerhund med? [kan jai̯ ta mi:n 'förərhun með]
H19	Kann ich meinen Blindenhund mit hineinnehmen?	Kan jeg tage min førerhund med ind? [kan jai̯ ta mi:n 'förərhun með in]
H20	Ist das für Behinderte geeignet?	Er det egnet for handicappede? [er dä 'ai̯nət for 'handikapəðə]
H21	Vielen Dank für Ihre Hilfe.	Mange tak for din hjælp. ['maŋə tak for di:n jelp]
H22	Danke, aber das schaffe ich allein.	Tak, men det klarer jeg alene. [tak men dä 'klarər jai̯ a'le:nə]

46

Tale med hinanden
Miteinander sprechen

MITEINANDER SPRECHEN

Bitten und danken
Bede om og takke

101	Danke (sehr).	(Mange) tak. [(maŋə) tak]
102	Bitte sehr! *(wenn man jdm etw. anbietet)*	Værsgo! [wärs'go]
103	Gern geschehen.	Selv tak. [sel tak]
104	Nein, danke.	Nej, tak. [nai tak]
105	Herzlichen Dank!	Rigtig mange tak! ['rigti 'maŋə tak]
106	Das war sehr nett von Ihnen/dir!	Det var meget pænt af dig! [dä war 'maiət pä:nt a dai]

Begrüßung und Verabschiedung
Hilsen og afsked

107	Guten Morgen!	Godmorgen! [go'morən]
108	Guten Tag!	Goddag! [go'dä]
109	Hallo!	Hej! [hai]
110	Guten Abend!	Godaften! [go'aftən]
111	Auf Wiedersehen!	Farvel! [far'wel]
112	Tschüss!	Hej, hej! [hai hai]
113	Bis später!	Vi ses senere! [wi se:s 'se:nərə]
114	Bis morgen!	Vi ses i morgen! [wi se:s i 'morən]

Sich vorstellen und von sich erzählen
Præsentere sig og fortælle om sig selv

115	Ich heiße …	Jeg hedder … [jai 'heðər]
	Ich bin ☐.	Jeg er ☐. [jai er]
116	☑ aus Deutschland	☑ fra Tyskland [fra 'tüsklan]

48

MITEINANDER SPRECHEN

I17	☑ aus Österreich	☑ fra Østrig [fra 'östri]
I18	☑ aus der Schweiz	☑ fra Schweiz [fra swaits]
I19	☑ ... Jahre alt.	☑ ... år gammel. [our gamǝl]
I20	☑ verheiratet	☑ gift [gift]
I21	☑ geschieden	☑ skilt [skilt]
I22	☑ ledig	☑ enlig ['e:nli]
I23	Ich mache hier Urlaub.	Jeg er på ferie her. [jai er pou 'feriǝ her]
I24	Ich wohne im Hotel ...	Jeg bor på ... hotellet. [jai bo:r pou ... ho'telǝt]
I25	Ich bleibe noch ... Tage.	Jeg bliver ... dage til. [jai 'bli:wǝr ... 'dä:ǝ til]
I26	Ich bleibe noch ... Wochen.	Jeg bliver ... uger til. [jai 'bli:wǝr ... 'u:ǝr til]
I27	Ich bin ... von Beruf.	Jeg arbejder som ... [jai 'arbaidǝr som]
I28	Ich bin selbstständig.	Jeg er selvstændig. [jai er 'selstendi]
I29	Ich bin Student/Studentin.	Jeg er studerende. [jai er stu'derǝnǝ]
I30	Ich gehe noch zur Schule.	Jeg går stadig væk i skole. [jai gour 'stadi wek i 'sko:lǝ]
I31	Ich habe Kinder.	Jeg har børn. [jai har börn]
I32	Ich habe eine Tochter.	Jeg har en datter. [jai har e:n 'datǝr]
I33	Ich habe einen Sohn.	Jeg har en søn. [jai har e:n sön]
	Das ist ☑.	Det er ☑. [dä er]
I34	☑ mein Mann	☑ min mand [mi:n man]
I35	☑ meine Frau	☑ min kone [mi:n 'konǝ]
I36	☑ mein Lebensgefährte	☑ min samlever [mi:n 'samläwǝr]

137	☑ meine Lebensgefährtin	☑ min samleverske [miːn 'samläwərskə]
138	☑ mein Freund/meine Freundin	☑ min kæreste [miːn 'kärəstə]
139	☑ ein Freund	☑ en ven [eːn wen]
140	☑ eine Freundin	☑ en veninde [eːn we'ninə]

Etwas über den anderen herausfinden
Finde noget ud om den anden

141	Darf ich fragen, wie Sie heißen/du heißt?	Må jeg spørge om, hvad du hedder? [mou jai 'spörə ɔm wað du 'heðər]
142	Wie geht es Ihnen/dir?	Hvordan går det med dig? [wor'dan gour dä məð dai]
143	Danke, gut.	Tak, godt. [tak gɔt]
144	Gefällt es Ihnen/dir hier?	Hvordan synes du om det her? [wor'dan 'sünəs du ɔm dä her]
145	Sehr gut.	Meget godt. ['maiət gɔt]
146	Geht schon.	Det går nok. [dä gour nɔk]
147	Wie alt sind Sie/bist du?	Hvor gammel er du? [wor 'gaməl er du]
148	Woher kommen Sie/kommst du?	Hvor kommer du fra? [wor 'kɔmər du fra]
149	Sind Sie/Bist du verheiratet?	Er du gift? [er du gift]
150	Was machen Sie/machst du beruflich?	Hvad laver du? [wað 'läwər du]
151	Machen Sie/Machst du Urlaub hier?	Er du på ferie her? [er du pou 'feriə her]
152	Wie lange bleiben Sie/bleibst du noch?	Hvor længe bliver du endnu? [wor 'längə 'bliːwər du 'enu]

Sich verabreden und jemanden einladen
Træffe aftaler og indbyde nogen

J01	Darf ich Sie/dich zu einem Getränk einladen?	Må jeg invitere dig på en drik? [mou jai invi'terə dai pou e:n drik]
J02	Möchten Sie/Möchtest du etwas trinken?	Vil du gerne have noget at drikke? [wil du 'gernə ha 'nou̯ət at 'drikə]
J03	Sollen wir etwas essen gehen?	Skal vi gå hen og spise noget? [skal wi gou hen o 'spi:sə 'nou̯ət]
J04	Hätten Sie Lust/Hättest du Lust, heute Abend auszugehen?	Har du lyst til at gå ud i aften? [har du lüst til at gou uð i 'aftən]
J05	Wir treffen uns um ... Uhr.	Vi mødes klokken ... [wi 'mö:ðəs 'klɔkən]
J06	Wir treffen uns in einer Stunde.	Vi mødes om en time. [wi 'mö:ðəs ɔm e:n 'ti:mə]
	Wir treffen uns ⃞.	Vi mødes ⃞. [wi 'mö:ðəs]
J07	☑ hier	☑ her [her]
J08	☑ im Hotel	☑ på hotellet [pou ho'telət]
J09	☑ an der Bar	☑ ved baren [weð 'barən]
J10	☑ am Eingang	☑ ved indgangen [weð 'ingaŋən]
J11	Ich begleite Sie/dich noch nach Hause.	Jeg følger dig dog hjem. [jai 'följər dai do jem]
J12	Kann ich Sie/dich irgendwo hinfahren?	Kan jeg køre dig et eller andet sted hen? [kan jai 'körə dai et 'elər 'anət steð hen]
J13	Kann ich Sie/dich irgendwo absetzen?	Kan jeg sætte dig af et eller andet sted? [kan jai 'setə dai ä et 'elər 'anət steð]

Wo wohnen Sie/wohnst du? — Hvor bor du? [wor bor du]

🔊 MITEINANDER SPRECHEN

J14	Ich hole Sie/dich ab.	Jeg afhenter dig. [jai 'auhentər dai]
J15	Nein danke. Das ist nicht notwendig.	Nej tak. Det er ikke nødvendigt. [nai tak dä er 'ikə 'nöð'wendit]
J16	Ja bitte. Das ist sehr nett von Ihnen/dir.	Ja tak. Det er meget pænt af dig. [ja tak dä er 'maiət pä:nt a dai]
J17	Danke für die Einladung.	Tak for indbydelsen. [tak for 'inbüðəlsən]
J18	Kann ich Sie/dich wiedersehen?	Kan jeg se dig igen? [kan jai se: dai i'gen]
J19	Ja, sehr gern.	Ja, meget gerne. [ja 'maiət 'gernə]
J20	Vielleicht.	Måske. [mou'ske:]
J21	Ich habe leider keine Zeit.	Jeg har desværre ikke tid. [jai har des'wärə 'ikə tið]
J22	Lieber nicht.	Helst ikke. [helst 'ikə]
J23	Nein danke!	Nej tak! [nai tak]

Komplimente und wie man darauf reagiert
Komplimenter, og hvordan man reagerer på dem

J24	Sie sehen/Du siehst toll aus!	Du ser godt ud! [du se:r gɔt uð]
J25	Sie haben/Du hast ein nettes Lächeln.	Du har et sødt smil. [du har et söt smi:l]
J26	Sie haben/Du hast wunderschöne Augen.	Du har vidunderlige øjne. [du har 'wiðunerliə 'ɔinə]
J27	Sie sind/Du bist wunderschön.	Du er overordentlig smuk. [du er 'owerordentli smuk]
J28	Danke für das Kompliment.	Tak for komplimentet. [tak for kɔmpli'maŋgət]
J29	Das war ein sehr schöner Abend.	Det var en meget dejlig aften. [dä war e:n 'maiət 'daili 'aftən]

J30	Mit Ihnen/dir kann man sich gut unterhalten.	Med dig kan man godt underholde sig. [með dai̯ kan man gɔt 'unərhɔlə sai̯]
J31	Sie gefallen/Du gefällst mir sehr.	Jeg synes meget godt om dig. [jai̯ 'sünəs 'mai̯ət gɔt ɔm dai̯]
J32	Übertreiben Sie/Übertreib nicht!	Overdriv ikke! ['ɔu̯ərdriu̯ 'ikə]
J33	Hör bloß auf!	Hold dog op! [hɔl dɔ ɔp]
J34	Ich bin leider schon vergeben.	Jeg er desværre allerede optaget. [jai̯ er des'wärə 'alərədə 'ɔptäɡət]
J35	Tut mir leid, du bist nicht mein Typ!	Det gør mig ondt, du er ikke min type! [dä gör mai̯ unt du er 'ikə mi:n 'tüpə]

Zustimmen und ablehnen
Enighed og afslag

J36	Das ist in Ordnung.	Det er i orden. [dä er i 'ordən]
J37	Ja, bitte.	Ja, tak. [ja tak]
J38	Damit bin ich einverstanden.	Det er jeg indforstået med. [dä er jai̯ 'infɔrstɔu̯ət með]
J39	Das gefällt mir.	Det kan jeg lide. [dä kan jai̯ li:]
J40	Das möchte ich gern tun.	Det ville jeg gerne gøre. [dä 'wilə jai̯ 'gernə 'gö̞rə]
J41	Das ist sehr gut.	Det er meget godt. [dä er 'mai̯ət gɔt]
J42	Das ist super!	Det er fint! [dä er fi:nt]
J43	Nein, danke!	Nej, tak! [nai̯ tak]
J44	Das gefällt mir nicht.	Det kan jeg ikke lide. [dä kan jai̯ 'ikə li:]
J45	Das möchte ich nicht tun.	Det ville jeg ikke gøre. [dä 'wilə jai̯ 'ikə 'gö̞rə]
J46	Das sehe ich anders.	Det synes jeg ikke. [dä 'sünəs jai̯ 'ikə]
J47	Das ist schlecht.	Det er dårligt. [dä er 'dou̯rlit]

J48	Das ist furchtbar.	Det er forfærdeligt. [dä er for'färdəlit]
J49	Das kommt gar nicht in Frage!	Det bliver der slet ikke tale om! [dä 'bli:wər der slət 'ikə 'tälə ɔm]
J50	Auf keinen Fall!	Under ingen omstændigheder! ['unər 'ingən 'ɔmständiheðər]

Bedauern ausdrücken und sich entschuldigen
Beklage og undskylde sig

J51	Tut mir leid.	Det gør mig ondt. [dä gör mai unt]
J52	Das tut mir sehr leid.	Det gør mig meget ondt. [dä gör mai 'maiət unt]
J53	Ich möchte mich entschuldigen.	Jeg vil give en undskyldning. [jai wil gi: e:n 'unskülning]
J54	Das soll nicht mehr vorkommen.	Det sker ikke igen. [dä sker 'ikə i'gen]
J55	Da habe ich Sie/dich falsch verstanden.	Så har jeg misforstået dig. [sɔ har jai 'misforstouət dai]
J56	Das war ein Missverständnis.	Det var en misforståelse. [dä war e:n 'misforstouəlsə]
J57	Das war meine Schuld.	Det var min skyld. [dä war mi:n skül]
J58	Das macht doch nichts!	Det gør dog ikke noget! [dä gör do 'ikə nouət]
J59	Kein Problem.	Det er ikke et problem. [dä er 'ikə et prɔ'bläm]

Alt om tiden
Rund um die Zeit

RUND UM DIE ZEIT

Die Uhrzeit
Klokkeslættet

K01	Wie spät ist es?	Hvad er klokken? [waðer 'klɔkən]
	Es ist ⸺.	Den er ⸺. [dən er]
K02	☑ ein/zwei/drei Uhr	☑ *et/to/tre* [et/to:/tre:]
K03	☑ *sechs/sieben/acht* Uhr morgens	☑ *seks/syv/otte* om morgenen [seks/süw/'o̯utə ɔm 'mɔrənən]
K04	☑ *sechs/sieben/acht* Uhr abends	☑ *seks/syv/otte* om aftenen [seks/süw/'o̯utə ɔm 'aftənən]
K05	☑ *drei/vier* Uhr nachmittags	☑ *tre/fire* om eftermiddagen [tre:/'fir ɔm 'eftermidäən]
K06	☑ *achtzehn/neunzehn/zwanzig* Uhr	☑ *atten/nitten/tyve* ['atən/'nitən/'tü:wə]
K07	☑ halb zehn	☑ halv ti [hal ti:]
K08	☑ Viertel vor fünf	☑ kvart i fem [kwart i fem]
K09	☑ Viertel nach vier	☑ kvart over fire [kwart 'o̯uər 'fir]
K10	☑ zwei Minuten vor sechs	☑ to minutter i seks [to: mi'nutər i seks]
K11	☑ fünf nach sieben	☑ fem minutter over syv [fem mi'nutər 'o̯uər süw]
K12	Es ist zu früh.	Det er for tidligt. [dä er for 'tiðlit]
K13	Es ist zu spät.	Det er for sent. [dä er for se:nt]
K14	Wann treffen wir uns?	Hvornår mødes vi? [wor'nɔ̯ur 'mö:ðəs vi]
K15	Um wie viel Uhr?	Hvad tid? [waðtið]
K16	um 12 Uhr mittags	klokken tolv om dagen ['klɔkən tɔl ɔm 'dä:nə]
K17	um Mitternacht	klokken tolv om aftenen ['klɔkən tɔl ɔm 'aftənən]
K18	in einer Stunde	om en time [ɔm e:n 'ti:mə]

RUND UM DIE ZEIT

K19	in einer halben Stunde	om en halv time [ɔm e:n hal 'ti:mə]
K20	in einer viertel Stunde	om et kvarter [ɔm et kwar'ter]
K21	in *fünf/zehn* Minuten	om *fem/ti* minutter [ɔm fem/ti: mi'nutər]
K22	Bis später.	Vi ses senere. [wi se:s 'se:nərə]
K23	Bis dann.	Vi ses så. [wi se:s sɔ]

Die Tageszeiten
Dagstiderne

K24	am Morgen	om morgenen [ɔm 'mɔrənən]
K25	am Vormittag	om formiddagen [ɔm 'fɔrmidäən]
K26	am Nachmittag	om eftermiddagen [ɔm 'eftərmidäən]
K27	am Abend	om aftenen [ɔm 'aftənən]
K28	in der Nacht	om natten [ɔm 'natən]
K29	heute Morgen	i morges [i 'mɔrəs]
K30	heute Vormittag *(Vergangenheit)*	i formiddags [i 'fɔrmidäs]
K31	*(Zukunft)*	i formiddag [i 'fɔrmidä]
K32	heute Nachmittag *(Vergangenheit)*	i eftermiddags [i 'eftərmidäs]
K33	*(Zukunft)*	i eftermiddag [i 'eftərmidä]
K34	heute Mittag	i middags [i 'midäs]
K35	heute Abend	i aften [i 'aftən]
K36	heute Nacht	i nat [i nat]
K37	morgen früh	i morgen tidlig [i 'mɔrən 'tiðli]
K38	morgen Vormittag	i morgen om formiddagen [i 'mɔrən ɔm 'fɔrmidäən]
K39	morgen Mittag	i morgen om middagen [i 'mɔrən ɔm 'midäən]

Rund um die Zeit

K40	morgen Nachmittag	i morgen om eftermiddagen [i 'morən mc 'eftərmidään]
K41	morgen Abend	i morgen aften [i 'morən 'aftən]
K42	morgen Nacht	i morgen nat [i 'morən nat]
K43	morgens	om morgenen [ɔm 'morənən]
K44	vormittags	om formiddagen [ɔm 'formidään]
K45	nachmittags	om eftermiddagen [ɔm 'eftərmidään]
K46	abends	om aftenen [ɔm 'aftənən]
K47	nachts	om natten [ɔm 'natən]
K48	tagsüber	om dagen [ɔm 'dä:ən]
K49	vorgestern	i forgårs [i 'forgours]
K50	gestern	i går [i gour]
K51	heute	i dag [i dä]
K52	morgen	i morgen [i 'morən]
K53	übermorgen	i overmorgen [i 'ɔuərmorən]

Die Woche
Ugen

L01	in einer Woche	om en uge [ɔm e:n 'u:ə]
L02	in zwei Wochen	om to uger [ɔm to: 'u:ər]
L03	Montag	mandag ['manda]
L04	Dienstag	tirsdag ['tirsda]
L05	Mittwoch	onsdag ['ounsda]
L06	Donnerstag	torsdag ['torsda]
L07	Freitag	fredag ['freda]
L08	Samstag	lørdag ['lörda]
L09	Sonntag	søndag ['sönda]
L10	montags	om mandagen [ɔm 'mandään]

RUND UM DIE ZEIT

L11	am Dienstag	om tirsdagen [ɔm ˈtirsdäən]
L12	jeden Mittwoch	hver onsdag [wer ˈo̯unsda]
L13	bis Donnerstag	til torsdag [til ˈtorsda]
L14	Freitag Abend	fredag aften [ˈfreda ˈaftən]
L15	nächsten Samstag	næste lørdag [ˈnästə ˈlörda]

Siden und i

Für *seit* gibt es zweierlei Übersetzungen. Bezieht man sich auf einen spezifischen Zeitpunkt, heißt es siden: Museet har eksisteret **siden 1985**. – *Das Museum existiert **seit 1985**.* Bezieht man sich auf eine Zeitspanne, heißt es i: Jeg har nu studeret dansk **i to år**. – *Ich studiere jetzt **seit zwei Jahren** Dänisch.*

| L16 | seit dem 1. Mai | siden første maj [ˈsiðən ˈförstə mai̯] |
| L17 | seit zwei Tagen | i to dage [i to: ˈdäə] |

Die Monate
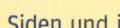
Månederne

L18	Januar	januar [ˈjanuar]
L19	Februar	februar [ˈfebruar]
L20	März	marts [marts]
L21	April	april [aˈpril]
L22	Mai	maj [mai̯]
L23	Juni	juni [ˈjuni]
L24	Juli	juli [ˈjuli]
L25	August	august [au̯ˈgust]
L26	September	september [sepˈtembər]

RUND UM DIE ZEIT

L27	Oktober	oktober [ɔk'tobər]
L28	November	november [nɔ'wembər]
L29	Dezember	december [dä'sembər]
L30	In welchem Monat ... ?	I hvilken måned ... ? [i 'wilkən 'mou̯nəð]
L31	im Januar	i januar [i 'januar]

Die Jahreszeiten
Årstiderne

L32	Frühling	forår n. ['fɔrou̯r]
L33	Sommer	sommer ['sɔmər]
L34	Herbst	efterår n. ['eftərou̯r]
L35	Winter	vinter ['wintər]
L36	im Frühling	om foråret [ɔm 'fɔrou̯rət]
L37	das ganze Jahr über	i hele året [i 'hälə 'ou̯rət]
L38	die Jahreszeit für ...	årstiden for ... ['ou̯rstiðən fɔr]

Das Datum
Datoen

L39	Der Wievielte ist heute?	Hvad er datoen i dag? [waðer 'dätoən i dä]
L40	Heute ist der *Erste/Zweite/Dritte*.	I dag er det den *første/anden/tredje*. [i dä er dä dən 'förstə/'anən/'tredjə]
L41	Heute ist der vierte Januar.	I dag er det den fjerde januar. [i dä er dä dən 'fjerə 'januar]
L42	am fünften Februar	den femte februar [dən 'femtə 'februar]
L43	bis zum sechsten März	indtil den sjette marts ['intil dən 'schetə marts]
	Berlin, 7. April 2011 *(in Schriftstücken)*	Berlin, den 7. april 2011 [ber'li:n, dən 'süənə a'pril to: 'tusin 'elwə]

RUND UM DIE ZEIT

Feiertage
Fridage og helligdage

| Heute ist ein Feiertag. | I dag er en fridag. [i dä er eːn 'fridä] |

Feiertage und Halbfeiertage

In Dänemark gibt es zwölf christliche, gesetzliche Feiertage. Es gibt auch einige Tage, die keine gesetzlichen Feiertage sind, aber annähernd so behandelt werden. Die Geldinstitute und die meisten Firmen sind an Feiertagen geschlossen. Supermärkte, die größeren Einzelhandelsketten und einige andere Geschäfte sind jedoch eingeschränkt geöffnet. Museen und Ausstellungen schließen über die Weihnachtsfeiertage, haben aber an anderen Feiertagen meist geöffnet und werden dann von den Einheimischen gern besucht.

| nytårsdag, den første januar ['nytoursdä dən 'förstə 'januar] | Neujahrstag, 1. Januar |

RUND UM DIE ZEIT

fastelavn ['fastəlaun]	Fastenabend (Fastnacht)

Krapfen zu fastelavn

Am Sonntag und Montag vor Aschermittwoch wird ein altertümlicher Brauch, fastelavn, praktiziert. Am Sonntag Morgen wecken die Kinder ihre Eltern mit geschmückten Zweigen und einem traditionellen Lied. Dafür werden sie mit Faschingskrapfen (boller ['bolər]) belohnt. Am Montag klopfen die Kinder mit einem Holzschläger so lange gegen ein geschmücktes Fass bis der Inhalt (ursprünglich lebende Katzen, aber jetzt eher Süßigkeiten und Obst) herausfällt.

skærtorsdag [skär'torsda]	Gründonnerstag
langfredag [lang'freda]	Karfreitag
første påskedag ['förstə 'pouskədä]	Ostersonntag
anden påskedag ['anən 'pouskədä]	Ostermontag
store bededag ['sto:r be:ðədä]	Großer Bettag
dronningens fødselsdag ['drɔningəns 'föðsəlsdä]	Geburtstag der Königin, 16. April

Die langjährige Königin, Dronning ['drɔning] Margrethe II., ist beim Volk sehr beliebt, aber ihr Geburtstag wurde als offizieller Feiertag abgeschafft. Außer der Königin gehören u. a. der Prinzgemahl Henrik und der Kronprinz Frederik und dessen aus Australien stammende Frau Mary zur königlichen Familie. Der älteste dänische Königssohn wird wechselweise Frederik oder Christian getauft und mit diesem Namen als König (Konge ['kɔngə]) gekrönt. Kronprinz Frederik wird also Frederik X. Sein erster Sohn Christian wird folglich Christian XI.

RUND UM DIE ZEIT

Kristi himmelfart ['kristi 'himəlfart]	Christi Himmelfahrt
første pinsedag ['förstə 'pinsədä]	Pfingstsonntag
anden pinsedag ['anən 'pinsədä]	Pfingstmontag
grundlovsdag ['grunlousdä]	Verfassungstag

Der Verfassungstag am 5. Juni ist kein allgemeiner Feiertag, doch die Kinder haben schulfrei. Viele Geschäfte bleiben an diesem Tag geschlossen und in manchen Unternehmen wird nicht gearbeitet. Obendrein ist der 5. Juni der dänische Vatertag.

| Sankt Hans aften [sankt hans 'aftən] | Johannisabend |

RUND UM DIE ZEIT

Das traditionelle Mittsommerfest am Johannisabend findet am Vorabend des längsten Tages im Jahr statt. Bei dieser Sonnenwendfeier werden Feuer entfacht und man isst, trinkt und singt in der freien Natur. Alle, die mitmachen wollen, werden willkommen geheißen. Also: Packen Sie den Picknickkorb und machen Sie mit!

første juledag ['förstə 'julədä]	1. Weihnachtstag
anden juledag ['anən 'julədä]	2. Weihnachtstag
nytårsaften ['nütoursaftən]	Silvester

Gastronomisk og kulinarisk
Gastronomisches und Kulinarisches

GASTRONOMISCHES UND KULINARISCHES

So fängt der Tag gut an
En god start på dagen

Zeit für das Frühstück

Normalerweise ist das Frühstück in Dänemark nicht sehr üppig. Es besteht aus dunklem Roggenbrot (rugbrød ['rubröð]) und hellem Weizenbrot (franskbrød ['franskbröð]) mit verschiedenen Aufstrichen. Einige der vielen Käsesorten werden auch oft angeboten. Im Hotel können die Gäste jedoch mit einem reichhaltigen Büffet rechnen.

M01 Kann man hier frühstücken?	Kan man spise morgenmad her? [kan man 'spiːsə 'morənmað her]
M02 Wann gibt es Frühstück?	Hvornår er der morgenmad? ['wornour er der 'morənmað]

Der er morgenmad fra klokken otte til klokken ni tredive. [der er 'morənmað fra 'klɔkən 'outə til 'klɔkən ni 'träðwə]	Frühstück gibt es von 8 Uhr bis 9.30 Uhr.

Ich nehme 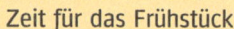.	Jeg vil gerne have ☐. [jai wil 'gernə ha]
M03 ☑ frisch gepressten Orangensaft	☑ frisk presset appelsinsaft [frisk 'presət apəl'siːnsaft]
M04 ☑ Grapefruitsaft	☑ grapefrugtsaft ['gräpfrugtsaft]
M05 ☑ warme Milch	☑ varm mælk [warm mälk]
M06 ☑ kalte Milch	☑ kold mælk [kol mälk]
M07 ☑ (koffeinfreien) Kaffee	☑ (koffeinfri) kaffe [kɔfe'infri 'kafə]
M08 ☑ Tee	☑ te [teː]
M09 ☑ eine heiße Schokolade	☑ en varm chokolade [eːn warm schoko'läðə]

GASTRONOMISCHES UND KULINARISCHES

M10	mit/ohne Zucker	med/uden sukker [með/'uðən 'sukər]
M11	mit/ohne Milch	med/uden mælk [með/'uðən mälk]
M12	mit einem Löffel Zucker	med en teskefuld sukker [með e:n 'te:ske:ful 'sukər]
M13	mit zwei/drei Löffeln Zucker	med to/tre teskefulde sukker [með to:/tre: 'te:ske:fulə 'sukər]
	Ich hätte gern ⍰.	Jeg ville gerne have ⍰. [jai̯ 'wilə 'gernə ha]
M14	☑ ein weich gekochtes Ei	☑ et blødkogt æg [et 'blöðkɔgt äg]
M15	☑ ein hart gekochtes Ei	☑ et hårdkogt æg [et 'hou̯rkɔgt äg]
M16	☑ ein Spiegelei	☑ et spejlæg [et 'spai̯läg]
M17	☑ ein pochiertes Ei	☑ et pocheret æg [et pɔ'scherət äg]
M18	☑ Rührei mit Speck	☑ røræg med flæsk ['röräg með fläsk]
M19	☑ Honig	☑ honning ['hɔning]
M20	☑ Erdbeermarmelade	☑ jordbærmarmelade ['jorbärmərmälädə]
M21	☑ Himbeermarmelade	☑ hindbærmarmelade ['hinbärmərmelädə]
M22	☑ Orangenmarmelade	☑ appelsinmarmelade [apəl'si:nmarmelädə]

Marmelade (marmelade [marme'lädə]) und Konfitüre (syltetøj ['sültatoi̯]) spielen eine große Rolle beim dänischen Frühstück. Da Marmelade mit mehr Zucker und Stärke hergestellt und länger gekocht wird als Konfitüre, hat sie eine zähere Konsistenz. Es gibt unzählige Varianten von Marmeladen und Konfitüren und einige davon sind Exportschlager (z. B. Den gamle fabrik® [dən 'gamlə fa'brik]).

🔊 GASTRONOMISCHES UND KULINARISCHES

M23	☑ Grapefruit	☑ grapefrugt [ˈgräpfrugt]
M24	☑ Jogurt mit frischen Früchten	☑ yoghurt med frisk frugt [ˈjugurt með frisk frugt]
M25	☑ eine Schale Müsli	☑ en skålfuld mysli [eːn ˈskoulful ˈmüsli]
M26	☑ Haferflocken	☑ havregryn [ˈhaurəgrün]
M27	☑ Cornflakes	☑ cornflakes [ˈkornflähks]
M28	☑ ein Croissant	☑ en croissant [eːn kuaˈsang]
M29	☑ ein Brötchen	☑ et rundstykke [et ˈrunstükə]
M30	Könnte ich noch etwas Brot bekommen?	Kunne jeg få noget mere brød? [ˈkunə jai fou ˈnouət mer bröð]
M31	Könnte ich noch etwas Toast bekommen?	Kunne jeg få noget mere ristet brød? [ˈkunə jai fou ˈnouət mer ˈristət bröð]

Butter ist in Dänemark oft leicht gesalzen, was nicht jedermanns Geschmack ist. Man kann aber auch ungesalzene Butter bekommen.

M32	Gibt es auch ungesalzene *Butter/Margarine*?	Er der også usaltet *smør/margarine*? [er der ˈɔsə ˈusaltət smör/margaˈriːnə]

Middag heißt nicht Mittagessen

Die Dänen nehmen in der Regel erst abends eine warme Mahlzeit ein, die aber middag [ˈmida] genannt wird. Mittags wird eine leichte, oft kalte Mahlzeit, frokost [ˈfrɔkɔst], eingenommen. Häufig besteht sie aus den smørrebrød [ˈsmörəbröð] genannten, reichlich belegten Broten.

GASTRONOMISCHES UND KULINARISCHES

Zum Essen ausgehen
Gå ud at spise

In Dänemark herrscht in der Regel in allen umschlossenen, öffentlichen Räumen allgemeines Rauchverbot, also auch in Bars, Restaurants und anderen gastronomischen Betrieben.

M33	Gibt es ein gutes Restaurant in der Nähe?	Er der en god restaurant i nærheden? [er der e:n goð restou'rang i 'närheðən]
	Können Sie mir ☐ empfehlen?	Kan du anbefale mig ☐? [kan du 'anbəfalə mai]
M34	☑ ein *dänisches/französisches/italienisches* Restaurant	☑ en *dansk/fransk/italiensk* restaurant [e:n dansk/fransk/itali'ensk restou'rang]
M35	☑ eine Pizzeria	☑ et pizzeria [et pisə'ri:a]
M36	☑ eine Kneipe	☑ et værtshus [et 'wertshus]
M37	☑ eine Bar	☑ en bar [e:n bar]
M38	☑ ein Café	☑ en café [e:n ka'fe:]

Den richtigen Tisch bekommen
Få det rigtige bord

M39	Ich möchte für 19 Uhr einen Tisch reservieren.	Jeg ville gerne reservere et bord til klokken 7 om aftenen. [jai 'wilə 'gernə reser'werə et bor til 'klɔkən süw ɔm 'aftənən]
M40	Einen Tisch für *eine Person/fünf Personen*, bitte!	Et bord til *en person/fem personer*, tak! [et bor til e:n per'so:n/fem per'so:nər tak]
M41	Einen Tisch am Fenster, bitte.	Et bord ved vinduet, tak. [et bor weð 'winduət tak]

GASTRONOMISCHES UND KULINARISCHES

M42 Könnten wir einen anderen Tisch haben?	Kunne vi få et andet bord? ['kunə wi fou et 'anət bor]
M43 Wir nehmen diesen da.	Vi tager det der. [wi tar dä der]
M44 Brauchen Sie diesen Stuhl?	Har du brug for den her stol? [har du bru: for den her sto:l]
M45 Ist dieser Tisch noch frei?	Er det her bord ledigt endnu? [er dä her bor 'läðit 'enu]

Bestellen
Bestille

Ville du bestille nu? ['wilə du bə'stilə nu]	Möchten Sie jetzt bestellen?
Hvad ville du gerne have? [wað 'wilə du 'gernə ha]	Was hätten Sie gern?
Hvad kan jeg give dig? [wað kan jai gi: dai]	Was darf ich Ihnen bringen?

Könnten wir/Könnte ich bitte ☐ bekommen?	Kunne *vi/jeg* få ☐, tak? ['kunə wi/jai fou ... tak]
M46 ☑ die Speisekarte	☑ spisekortet ['spi:səkortət]
M47 ☑ die Kinderkarte	☑ børnemenuen ['börnəmenuən]
M48 ☑ die Dessertkarte	☑ dessertkortet [de'serkortət]
M49 ☑ die Getränkekarte	☑ drikkekortet ['drikəkortət]
M50 ☑ die Weinkarte	☑ vinkortet ['wi:nkortət]
M51 Wir möchten bestellen.	Vi ville gerne bestille. [wi 'wilə 'gernə bə'stilə]

GASTRONOMISCHES UND KULINARISCHES

Ich hätte gern ⚀.	Jeg ville gerne have ⚀. [jaɪ 'wilə 'gernə ha]
Wir nehmen ⚀.	Vi tager ⚀. [wi tar]
M52 ☑ ein Glas ...	☑ et glas ... [et glas]
M53 ☑ eine Flasche ...	☑ en flaske ... [eːn 'flaskə]

Drikkevarer
Getränke

appelsinsaft [apəl'si:nsaft]	Orangensaft
cola ['ko:la]	Cola
danskvand med kulsyre ['danskwan með 'kulsürə]	Mineralwasser mit Kohlensäure
danskvand uden kulsyre ['danskwan 'uðən 'kulsürə]	stilles Wasser
druesaft ['druəsaft]	Traubensaft
sodavand ['so:dawan]	Limonade
solbærsaft ['so:lbärsaft]	Johannisbeersaft
æblesaft ['ä:bləsaft]	Apfelsaft
tør/sød æblevin [tör/söð 'ä:bləwi:n]	*trockener/lieblicher* Apfelwein

Bier oder Wein?

In Dänemark reicht die Brautradition bis in die Wikingerzeit zurück. Damals trank man süßes, schweres Bier. Heute zieht man leichtere Sorten vor, entweder helles Bier (lyst øl [lüst öl]) oder dunkles Bier (brunt øl [brunt öl]). Deutsches Bier nach Pilsner Art wurde im 19. Jahrhundert von Jacob Christian Jacobsen in Dänemark eingeführt und nach seinem Sohn Carlsberg™ genannt. Zusammen mit der Schwestermarke Tuborg™ ist es heute das meist getrunkene Bier im Land.

DRIKKEVARER

øl [öl]	Bier
tør vin [tör wi:n]	trockener Wein
halvtør vin ['haltör wi:n]	halbtrockener Wein
sød vin [söð wi:n]	lieblicher Wein
hvidvin ['wiðwi:n]	Weißwein
rosé [ro'se:]	Rosé
rødvin ['röðwi:n]	Rotwein

Ein königliches Weingut

Wein wurde lange Zeit hauptsächlich von den höheren Gesellschaftsschichten getrunken. Mit dem zunehmenden Tourismus hat sich der Weingenuss inzwischen ausgebreitet und auch die einfachen Bürger sind auf den Geschmack gekommen. Dieser Trend wurde in den letzten Jahren durch den Prinzgemahl Henrik gefördert. Der Wein, der am königlichen Hof kredenzt wird, stammt übrigens von seinem französischen Weingut Château de Cayx.

tysk champagne [tüsk scham'panjə]	Sekt
champagne [scham'panjə]	Champagner
spiritus ['spiritus]	Spirituosen

Schnaps zur Vorspeise

Schnaps (akvavit [akwa'wit]) ist ein beliebtes Getränk, das man eisgekühlt zu Fischvorspeisen trinkt. Die berühmteste Marke heißt Aalborg® ['o̞ulbor]. Aber auch in der Weihnachtszeit trinkt man gern Hochprozentiges in Form von gløgg [glög], einem starken Glühwein aus Rotwein, Schnaps und Gewürzen.

DRIKKEVARER

gammel dansk ['gaməl dansk]	Magenbitter aus verschiedenen Kräutern und Gewürzen
gløgg [glög]	Glühwein
kirsebærlikør ['kirsəbärlikör]	Kirschlikör
nordsøolie ['norsöoliə]	Magenbitter mit Lakritzgeschmack
snaps [snaps]	Schnaps

GASTRONOMISCHES UND KULINARISCHES

Zeit für das Essen
Spisetid

N01	Gibt es noch warme Küche?	Er der stadig væk varm mad? [er der 'städi wek warm mað]
N02	Ich möchte nur eine Kleinigkeit essen.	Jeg vil kun have lidt at spise. [jai wil kun ha lit at 'spi:sə]
N03	Geben Sie mir noch zwei Minuten, bitte!	Giv mig et par minutter til, tak! [gi: mai et par mi'nutər til tak]
N04	Was empfehlen Sie?	Hvad anbefaler du? [wað 'anbefälər du]
N05	Als Vorspeise nehme ich ...	Jeg tager ... til forret. [jai tar ... til for'ret]
N06	Als Hauptgericht nehme ich ...	Jeg tager ... til hovedret. [jai tar ... til ho:wəð'ret]
N07	Als Nachspeise nehme ich ...	Jeg tager ... til efterret. [jai tar ... til efter'ret]
	Könnte ich anstelle von A bitte B bekommen?	Kunne jeg godt få B i stedet for A? ['kunə jai gɔt fou ... i 'steðət for ...]
N08	Könnte ich noch etwas ... haben?	Kunne jeg få noget mere ...? ['kunə jai fou 'nouət mer]
N09	Könnte ich noch *einen/eine/ein* ... haben?	Kunne jeg få en/et ... til? ['kunə jai fou e:n/et ... til]
N10	Ist das scharf?	Er det stærkt? [er dä stärkt]
N11	Ist das mild?	Er det mildt? [er dä milt]
N12	Ist das sauer?	Er det surt? [er dä surt]
N13	Ist das süß?	Er det sødt? [er dä söt]
	Würden Sie bitte ☐ bringen?	Ville du godt bringe ☐? ['wilə du gɔt 'bringə]
N14	☑ ein Messer	☑ en kniv [e:n kniu]
N15	☑ eine Gabel	☑ en gaffel [e:n 'gafəl]

GASTRONOMISCHES UND KULINARISCHES

N16	☑ einen Löffel	☑ en ske [eːn skeː]
N17	☑ eine Serviette	☑ en serviet [eːn serwiˈet]
N18	... zum Mitnehmen	... til at tage med [til at ta með]

Tischmanieren

Während man sich in Deutschland *Guten Appetit!* wünscht, beginnt man in Dänemark mit dem Essen erst, wenn der Gastgeber oder die Gastgeberin Værsgo! [wärsˈgo] *(Bitte schön!)* gesagt hat. Nach dem Essen dankt man ihm oder ihr mit Tak for mad! [tak for mað] *(Danke fürs Essen!)*, was mit Velbekomme! [ˈwelbəkɔmə] *(Wohl bekomm's!)* beantwortet wird.

Spisekortet
Die Speisekarte

Forretterne | Vorspeisen

rejecocktail ['raiəkɔktäil]	Krabbencocktail
røjet laks ['rojət laks]	Räucherlachs
røjet ørred ['rojət 'örəð]	geräucherte Forelle
sild [si:l]	Hering
fyldte champignoner ['fültə 'schampinjɔner]	gefüllte Pilze
fyldte vinblade ['fültə 'wi:nblaðə]	gefüllte Weinblätter
melon med skinke [me'lo:n með 'skinkə]	Melone mit Schinken

Salater | Salate

agurkesalat [a'gurkəsalät]	Gurkensalat
blandet salat ['blanət sa'lät]	gemischter Salat
grøn salat [grön sa'lät]	grüner Salat
isbjergsalat ['i:sbjersalät]	Eisbergsalat
kartoffelsalat [kar'tɔfəlsalät]	Kartoffelsalat
kålsalat ['ko:lsalät]	Krautsalat
ruccolasalat ['rukolasalät]	Ruccolasalat, Raukensalat
tomatsalat [tɔ'mätsalät]	Tomatensalat
vårsalat ['woursalät]	Feldsalat
årstidens salat med skinke/ost/striber af kalkunkød ['ourstiðəns sa'lät með 'skinkə/oust/'stri:ber a kal'kunköð]	Salat der Saison mit Schinken/Käse/Putenfleischstreifen
vinaigrette med balsamisk eddike og olivenolie [winæ'gretə með bal'sämisk 'eðkə o ɔ'li:wəno:liə]	Vinaigrette mit Balsamicoessig und Olivenöl

SPISEKORTET

eddike- og oliedressing ['eðkə o 'o:liədresiŋ] — Essig-und-Öl-Dressing

yoghurt dressing ['jugurt 'dresiŋ] — Joghurtdressing

Supper — Suppen

aspargessuppe [a'spArəssupə] — Spargelcremesuppe
bønnesuppe ['bönəsupə] — Bohnensuppe
fiskesuppe ['fiskəsupə] — Fischsuppe
grønsagssuppe ['grönsäsupə] — Gemüsesuppe
grønærtesuppe ['grönertəsupə] — grüne Erbsensuppe
gule ærter ['gulə 'ertər] — gelbe Erbsensuppe
hønsekødsuppe ['hönsəköðsupə] — Hühnersuppe
kartoffel-porre-suppe [kar'tɔfəl 'po:re 'supə] — Kartoffel-Lauchsuppe
linsesuppe ['linsəsupə] — Linsensuppe
løgsuppe ['lɔisupə] — Zwiebelsuppe
nudelsuppe ['nuðəlsupə] — Nudelsuppe
tomatsuppe [tɔ'mätsupə] — Tomatencremesuppe
ålesuppe ['ouləsupə] — Aalsuppe

Lette retter — Leichte Gerichte

leverpostej ['lewərpɔstai] — Leberpastete
omelet med ost/champignoner/skinke [ɔmə'let með oust/'schampinjɔner/'skinkə] — Omelett mit Käse/Pilzen/Schinken
osteanretning ['oustəanretniŋ] — Käseplatte
svinekødspølser ['swi:nəköðspölser] — Schweinswürstchen

Kød — Fleisch

fårekød n. ['fourəköð] — Hammelfleisch
lammekød n. ['laməköð] — Lammfleisch

oksekød n. ['ɔksəköð]	Rindfleisch
svinekød n. ['swi:nəköð]	Schweinefleisch
filet [fi'le:]	Filet
kotelet [kɔtə'let]	Kotelett
kølle ['kölə]	Keule
skive ['ski:wə]	Schnitzel
steg [staj]	Braten
hakket ['hakət]	Gehacktes
bøf ['böf]	Steak
godt gennemstegt [gɔt 'genəmstegt]	gut durchgebraten
medium ['medium]	medium, innen rosa
rødt [röt]	englisch, blutig
vildt ['wilt]	Wild
hjort [jort]	Hirsch
kanin [ka'ni:n]	Kaninchen
rådyr n. ['rɔdür]	Reh
dyreryg ['dürərük]	Rehrücken

Fjerkræ — Geflügel

and [an]	Ente
fasan [fa'sän]	Fasan
gås [gou̯s]	Gans
høne ['hö:nə]	Huhn
kalkun [kal'kun]	Truthahn, Pute
kylling ['küliŋ]	Hähnchen
kyllingelårben n. ['küliŋəlou̯rbe:n]	Hähnchenkeule
bryst n. [brüst]	Brust

SPISEKORTET

Fisk og mad fra havet — Fisch und Meeresfrüchte

Da Dänemark vom Meer umgeben ist, gehört Fisch (fisk [fisk]) in den verschiedensten Varianten auf den Speiseplan: in Marinade oder Tomatensauce eingelegt, mit Remoulade, gebacken, geräuchert oder gesalzen, mit Kartoffeln und Petersiliensauce, auf reichlich garniertem Brot, usw.

brasen ['brasən]	Brasse
havtaske ['hau̯taskə]	Seeteufel
laks [laks]	Lachs
makrel [ma'kreːl]	Makrele

rokke ['rɔkə]	Rochen
rødspætte ['röðspetə]	Scholle
rødtunge ['röðtungə]	Rotzunge
sardin [sar'di:n]	Sardine
sej [saį]	Kohlfisch, Köhler
sværdfisk ['swärfisk]	Schwertfisch
søtunge ['sötungə]	Seezunge
torsk [torsk]	Kabeljau
tunfisk ['tunfisk]	Thunfisch
ørred ['örəð]	Forelle
blæksprutte ['bleksprutə]	Tintenfisch
kammuslinger [kam 'muslingər]	Kammmuscheln
krabbe ['krabə]	Krebs
muslinger ['muslingər]	Venusmuscheln
rejer ['raįər]	Krabben, Shrimps

Grøntsager og champignoner

Gemüse und Pilze

asparges [a'sparəs]	Spargel
aubergine [o:ber'schi:nə]	Aubergine
bladspinat ['blaðspinät]	Blattspinat
blomkål ['blɔmko̱ul]	Blumenkohl
broccoli ['brɔkɔli]	Brokkoli
grønne bønner ['grönə 'bönər]	grüne Bohnen
hvide bønner ['wiðə 'bönər]	weiße Bohnen
pralbønner ['pralbönər]	Prunkbohnen
græskar n. ['greskar]	Kürbis
gulerødder ['gulərö̱ðər]	Karotten
hvidkål ['wiðko̱ul]	Weißkohl

SPISEKORTET

karotter [ka'rɔtər]	Möhren
kikærter [kik 'ertər]	Kichererbsen
løg n. [lɔi̯]	Zwiebel
grøn/gul/rød peber [grön/gul/röð 'pebər]	grüne/gelbe/rote Paprikaschote
porre ['po:rə]	Lauch
roe ['ro:ə]	Mairübe
rosenkål ['ro:sənkɔul]	Rosenkohl
rødkål ['röðkɔul]	Rotkohl
selleri ['seləri]	Staudensellerie
selleriknold ['seləriknɔl]	Sellerieknolle
zucchini [su'ki:ni]	Zucchini
ærter ['ertər]	Erbsen
nye ærter ['nüe 'ertər]	junge Erbsen
sukkerærter ['suker 'ertər]	Zuckerschoten
champignoner ['schampinjɔnər]	Champignons
kantareller [kanta'relər]	Pfifferlinge
østershatte ['östərshatə]	Austernpilze

Tilberedning   Zubereitung

> Auf S. 160 der Kurzgrammatik können Sie nachsehen, wie Sie Adjektive ganz einfach und richtig an das jeweilige Nomen anpassen können.

bagt [bagt]	gebacken
blancheret [blan'scherət]	blanchiert
brunet ['bru:nət]	geröstet, im Ofen gebraten

dampet ['dampət]	gedämpft
friturekogt [fri'türəkogt]	fritiert
grillet ['grilət]	gegrillt
gryderet ['grüðəret]	Eintopf
grydestegt ['grüðəstegt]	geschmort
kogt [kɔgt]	gekocht
kødgryde ['köðgrüðə]	Fleischeintopf
lagt i lage [lagt i 'lä:jə]	gepickelt, eingelegt
marineret [mari'nerət]	mariniert
paneret [pa'nerət]	paniert
røget ['rojət]	geräuchert
saltet ['saltət]	gesalzen
soufflé [su'fle:]	Soufflé
i sovs [i souws]	in Soße
spyd n. [spüð]	Spießchen
stegt [stegt]	gebraten
tørstegt ['törstegt]	mit wenig Fett in der Pfanne gebraten

Tilbehør — Beilagen

bolle ['bɔlə]	Knödel
bagt kartoffel [bagt kar'tɔfəl]	Ofenkartoffel
kogte kartofler ['kɔgtə kar'tɔflər]	Salzkartoffeln
kartoffelmos [kar'tɔfəlmo:s]	Kartoffelbrei
nudler ['nuðlər]	Nudeln
pommes frites [pɔm frit]	Pommes frites
ris [ri:s]	Reis
naturris [na'turri:s]	Naturreis

SPISEKORTET

Urter og krydderier | Kräuter und Gewürze

basilikum [ba'silikum]	Basilikum
fennikel ['fenikəl]	Fenchel
havemerian ['häwəmerian]	Majoran
hvidløg ['wiðlo̯i]	Knoblauch
ingefær ['ingəfär]	Ingwer
kanel [ka'ne:l]	Zimt
karse ['karsə]	Kresse
kommen ['kɔmən]	Kümmel
løvstikke ['löustikə]	Liebstöckel
muskatnød [mus'kätnöð]	Muskatnuss
mynte ['müntə]	Minze
nellike ['nelikə]	Nelken
sort/grøn/hvid peber [sort/grön/wið 'pebər]	schwarzer/grüner/weißer Pfeffer
peberrod [pebər'ro:ð]	Meerrettich
persille [per'silə]	Petersilie
purløg ['purlo̯i]	Schnittlauch
safran ['safran]	Safran
salt n. [salt]	Salz
salvie ['salwiə]	Salbei
sennep ['senəp]	Senf
timian ['timian]	Thymian

Efterretter | Nachspeisen

budding ['buðiŋ]	süße Mehlspeise
frugtsalat med fløde ['frugtsalät með 'flö:ðə]	Obstsalat mit Sahne

friske jordbær med fløde ['friskə 'jorbär með 'flö:ðə] — frische Erdbeeren mit Sahne

chokoladeis [schoko'lädə i:s] — Schokoladeneis

jordbæris ['jorbär i:s] — Erdbeereis

vanilleis [wa'nilə i:s] — Vanilleeis

med flødeskum [með 'flöðəskum] — mit Schlagsahne

citronsorbet [ci'tro:n sor'be:] — Zitronensorbet

Osteudvalg — Käseauswahl

danablu ['dänablu] — Danablu ist ein halbfester Blauschimmelkäse, der dem Roquefort ähnelt, aber aus Kuhmilch hergestellt wird.

esrom ['esrɔm] — Der blassgelbe Esrom ist nach dem dänischen Kloster benannt, in dem er noch heute nach altem Rezept produziert wird.

SPISEKORTET

	Charakteristisch für diesen Käse ist sein besonders würziger Geschmack.
havarti [ha'warti]	Havarti ist ein pikanter Kuhmilchkäse mit unregelmäßigen, kleinen Löchern.
maribo ['maribo]	Aus Maribo auf der Insel Lolland stammt die gleichnamige Käsesorte mit trockener, gelblicher Rinde, kleinen Löchern und leicht säuerlichem Geschmack.
samsø ['samsö]	Von der gleichnamigen Insel im Kattegat stammt Samsø, ein Schnittkäse aus pasteurisierter Kuhmilch mit kleinen Löchern.

Te, kaffe og kager — Tee, Kaffee und Kuchen

Der Durchschnittsdäne trinkt lieber Kaffee als Tee, besonders beim Frühstück und am Nachmittag mit Kuchen oder wienerbrød ['wi:nərbröð], einem süßen Blätterteiggebäck nach altem Wiener Rezept.

en kop ... [e:n kɔp]	eine Tasse ...
en kande ... [e:n 'kanə]	eine Kanne ...
grøn te [grön te:]	grüner Tee
kamillete [ka'miləte:]	Kamilletee
pebermyntete [peber'myntəte:]	Pfefferminztee

sort te [sort te:]	schwarzer Tee
urtete [urtə'te:]	Kräutertee
(koffeinfri) filterkaffe [(kɔfe'infri) 'filtərkafə]	(koffeinfreier) Filterkaffee
capuccino [capu'tschino]	Cappuccino
café latte [kafe: 'latə]	Latte macchiato
chokoladekage [schɔko'läðəkäjə]	Schokoladenkuchen
kirsebærlagkage [kirsəbär'laukäjə]	Schwarzwälder Kirschtorte
ostekage ['oustəkäjə]	Käsekuchen
æbletærte ['ä:blətärtə]	ungedeckter Apfelkuchen

Danske specialiteter — Dänische Spezialitäten

fiskefrikadeller ['fiskəfrikadelər]	Fischfrikadellen aus gehacktem Kabeljau, Mehl, Kartoffelmehl, Milch und Butter, die mit Kartoffeln und Buttersauce bzw. weißer Petersiliensauce gereicht werden
kærnemælkskoldskål ['kernəmälkskɔlskoul]	Kaltschale aus Buttermilch, Zucker, Ei, Vanilleschoten und Zitronenschale mit gehackten Mandeln und Schlagsahne, zu der Zwieback gereicht wird
lagkage ['laukäjə]	traditionell zum Geburtstag und zu anderen Familienfeiern gebackener Kuchen mit verschiedenen Schichten aus Konfitüre, Obst, Makronen, Vanillecreme und Schlagsahne

Spisekortet

rognsrand ['rounsran]
Ring aus gekochtem Rogen, der mit Zwiebeln, Zitrone, Salz, Pfeffer und Butter verrührt wurde; kalt mit Zitronen- und Paprikascheiben garniert und mit Toastbrot und Butter serviert

rødgrød med fløde ['röðgröð með 'flöðə]
Rote Grütze mit Sahne – die Aussprache dieses bekannten dänischen Zungenbrechers hat es in sich.

smørrebrød n. ['smörəbröð]
Brote, die z. B. mit Fisch, Krabben, Rogen, Fleisch, Käse oder Schinken belegt sind; garniert werden sie mit Apfel-, Zitronen-, Zwiebel- oder Rettichscheiben, Schnittlauch, Meerrettich, Petersilie, Kresse oder Radieschen, darauf Mayonnaise, Remoulade oder Tomatenmark.

stegt makrel [stegt ma'krel]
mit Mehl, Salz und Paprika panierte, in Butter gebratene Makrele; garniert mit Dillbutter und Zitrone und serviert mit Blumenkohl und Karotten

torskerogn ['torskəroun]
Kabeljaurogen – eine beliebte Vorspeise mit Roggenbrot und Remoulade, aber auch warm als Hauptgericht gegessen mit Kartoffeln, Petersilie und heller Soße

SPISEKORTET

smørrebrød

ymer ['ümər]	eine Art Sauermilch mit Milchsäurebakterien, die mit braunem Puderzucker und geriebenem Roggenbrot gegessen wird
æblekage ['ä:bləkäjə]	Dessert mit Schichten aus Apfelmus, gerösteten Semmelbröseln, Makronen, Marmelade und Schlagsahne
æbleskive ['ä:bləski:wə]	gefüllte Bällchen aus Pfannkuchenteig, ursprünglich mit Äpfeln, aber jetzt auch mit anderen Obstarten oder Marmelade, darauf Puderzucker

SPISEKORTET

æbleskive

øllebrød n. [ˈöləbröð] | Brei aus eingeweichtem Roggenbrot, Malzbier, Zucker, Zitronenschale und Zimt, dazu Milch oder Schlagsahne

GASTRONOMISCHES UND KULINARISCHES

Sonderwünsche
Særlige ønsker

N19	Ich esse kein Fleisch.	Jeg spiser ikke kød. [jai 'spi:sər 'ikə köð]
N20	Ich esse kein Schweinefleisch.	Jeg spiser ikke svinekød. [jai 'spi:sər 'ikə 'swi:nəköð]
N21	Haben Sie auch etwas Vegetarisches?	Har du også noget vegetarisk? [har du 'ɔsɔ 'nouət wege'tarisk]
N22	Ich trinke keinen Alkohol.	Jeg drikker ikke alkohol. [jai 'drikər 'ikə 'alkɔhol]
	Ich habe eine Allergie gegen ▢.	Jeg er allergisk imod ▢. [jai er a'lergisk i'moð]
N23	☑ Ei	☑ æg [eg]
N24	☑ Glutamat	☑ gluten ['glutən]
N25	☑ Kuhmilch	☑ komælk [ko'mälk]
N26	☑ Nüsse	☑ nødder ['nöðər]
N27	☑ Tomaten	☑ tomater [tɔmätər]
N28	☑ Weizen	☑ hvede [weðə]
N29	Sind da Nüsse drin?	Er der nødder i det? [er der 'nöðər i dä]
N30	Ist das koscher?	Er det koscher? [er dä 'ko:schər]
N31	Ist das halal?	Er det halal? [er dä ha'lal]
N32	für Diabetiker geeignet	egnet til diabetikere ['ainət til dia'betikərə]
N33	Verwenden Sie Biozutaten?	Anwender du økologiske tilsætningsstoffer? ['anwenər du öko'logiskə 'tilsätniŋgsstɔfər]

Beanstanden und loben
Klage og rose

N34	Wir warten schon länger.	Vi har allerede ventet længe. [wi har alə'reðə 'wentət 'läŋgə]

GASTRONOMISCHES UND KULINARISCHES

N35	Das habe ich nicht bestellt.	Det har jeg ikke bestilt. [dä har jai 'ikə bə'stilt]
N36	Das schmeckt mir nicht.	Det kan jeg ikke lide. [dä kan jai 'ikə li:]
N37	Das möchte ich zurückgehen lassen.	Det vil jeg give tilbage. [dä wil jai gi: til'bäjə]
N38	Kann ich bitte etwas anderes haben?	Kan jeg godt få noget andet? [kan jai gɔt fou 'nouət 'anət]
	Das Essen ist ?.	Maden er ?. ['maðən er]
N39	☑ versalzen	☑ for saltet [for 'saltət]
N40	☑ angebrannt	☑ brændt på [bränt pou]
N41	☑ kalt	☑ kold [kɔl]
N42	☑ nicht richtig gar	☑ ikke rigtig færdigkogt ['ikə 'rigti 'färdikɔgt]
N43	Der Fisch ist nicht frisch.	Fisken er ikke frisk. ['fiskən er 'ikə frisk]
N44	Das Geflügel ist zu trocken.	Fjerkræet er for tørt. ['fjerkräət er for tört]
N45	Das Fleisch ist zu zäh.	Kødet er for sejt. ['köðət er for sait]
N46	Es hat *gut/hervorragend* geschmeckt.	Det smagte *godt/udmærket*. [dä 'smagtə gɔt/ 'uðmärkət]
N47	Das ist sehr lecker!	Det er meget lækkert! [dä er 'maiət 'lekərt]

Bezahlen
Betale

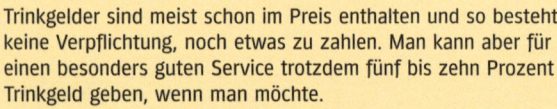

Trinkgelder sind meist schon im Preis enthalten und so besteht keine Verpflichtung, noch etwas zu zahlen. Man kann aber für einen besonders guten Service trotzdem fünf bis zehn Prozent Trinkgeld geben, wenn man möchte.

GASTRONOMISCHES UND KULINARISCHES

N48	Die Rechnung, bitte!	Må jeg godt bede om regningen! [moṷ jai gɔt 'beː ɔm 'raininɡən]
N49	Da ist ein Fehler auf der Rechnung.	Der er en fejl på regningen. [der er eːn fail poṷ 'raininɡən]
N50	Kann ich mit Kreditkarte zahlen?	Kan jeg betale med kreditkort? [kan jai bə'tälə með kre'ditkort]
N51	Ich zahle mit Karte.	Jeg betaler med kort. [jai bə'tälər með kort]
N52	Ich zahle in bar.	Jeg betaler kontant. [jai bə'tälər kɔn'tant]
N53	Kann ich bitte einen Beleg haben?	Kan jeg godt få en kvittering? [kan jai gɔt foṷ eːn kvi'teriŋ]
N54	Der Rest ist für Sie.	Behold resten. [bə'hɔl 'restən]
N55	Ich bekomme noch Wechselgeld.	Byttepengene mangler. ['bütəpeŋənə 'maŋlər]

Tid til at købe ind
Zeit für den Einkauf

ZEIT FÜR DEN EINKAUF

Ganz allgemein
Helt almindeligt

001	Wann macht das Geschäft auf?	Hvornår åbner forretningen? [wor'nour 'oubnər for'retniŋən]
002	Wann öffnen die Geschäfte?	Hvornår åbner forretningerne? [wor'nour 'oubnər for'retniŋərnə]
003	Wann schließen die Geschäfte?	Hvornår lukker forretningerne? [wor'nour 'lukər for'retniŋərnə]
	Gibt es ☐ in der Nähe?	Er der ☐ i nærheden? [er der ... i 'nærheðən]
004	☒ eine Bäckerei	☒ et bageri [et bäjə'ri]
005	☒ einen Baumarkt	☒ et byggemarked ['bügəmarkəð]
006	☒ ein Geschäft mit Camping-Zubehör	☒ en forretning med campingudstyr [e:n for'retniŋ með 'kampiŋguðstür]
007	☒ ein Fischgeschäft	☒ en fiskeforretning [e:n fiskəfor'retniŋ]
008	☒ einen Friseursalon	☒ en frisørsalon [e:n fri'sörsalɔŋ]
009	☒ einen Flohmarkt	☒ et loppemarked [et 'lɔpəmarkəð]
010	☒ ein Juweliergeschäft	☒ en juvelér [e:n juwə'ler]
011	☒ ein Kaufhaus	☒ et stormagasin [et stormaga'si:n]
012	☒ einen Markt	☒ et marked [et 'markəð]
013	☒ eine Metzgerei	☒ en slagter [e:n 'slagtər]
014	☒ ein Obst- und Gemüsegeschäft	☒ en frugt- og grønthandler [e:n frugt o 'grönhandlər]
015	☒ ein Spielzeuggeschäft	☒ en legetøjsforretning [e:n laiətɔisfor'retniŋ]
016	☒ ein Sportgeschäft	☒ en sportsforretning [e:n sportsfor'retniŋ]
017	☒ einen Supermarkt	☒ et supermarked [et 'supərmarkəð]
018	☒ einen Zeitungshändler	☒ en aviskiosk [e:n a'wi:skiɔsk]

🔊 ZEIT FÜR DEN EINKAUF

Kan jeg hjælpe dig? [kan jai̯ 'jelpə dai̯]	Kann ich Ihnen behilflich sein?
Søger du efter noget bestemt? ['söər du 'eftər 'no̯u̯ət 'bəstemt]	Suchen Sie etwas Bestimmtes?

019	Ich suche ...	Jeg søger ... [jai̯ 'söər]
020	Ich hätte gern ...	Jeg ville gerne have ... [jai̯ 'wilə 'gernə ha]
021	Wo finde ich ...?	Hvor finder jeg ...? [wor 'finər jai̯]
022	Verkaufen Sie ...?	Sælger du ...? ['seljər du]
023	Ich nehme *diesen/diese/dieses* hier.	Jeg tager *den/det* her. [jai̯ tar dən/dä her]
024	*Diesen/Diese/Dieses* da.	*Den/Det* der. [dən/dä der]

Vil du have noget mere? [wil du ha no̯u̯ət mer]	Haben Sie noch einen Wunsch?
Var der ellers noget andet? [war der 'elərs 'no̯u̯ət 'anət]	Darf es noch etwas sein?

025	Nein danke, das wäre alles.	Nej tak, det var det hele. [nai̯ tak dä war dä 'he:lə]
026	Könnte ich eine Tüte bekommen?	Kunne jeg få en pose? ['kunə jai̯ fo̯u̯ e:n 'po:sə]
027	Könnten Sie das als Geschenk einpacken?	Kunne du pakke det ind som en gave? ['kunə du 'pakə dä in sɔm e:n 'gäwə]

Lebensmittel
Levnedsmidler

Milchprodukte	mælkeprodukter [mälkəprɔˈduktər]
Vollmilch	sødmælk [ˈsöðmälk]
fettarme Milch	letmælk [ˈletmälk]
Magermilch	skummetmælk [ˈskumətmälk]
Joghurt	yoghurt [ˈjugurt]
Quark	kvark [kwark]
Käse	ost [ou̯st]
Schlagsahne	flødeskum n. [ˈflöðəskum]
Kaffeesahne	kaffefløde [ˈkafəflöðə]
Wurst- und Schinkenaufschnitt	afskåret pølse og skinke [ˈau̯sko̯u̯rət ˈpölsə o ˈskinkə]
Belag	pålæg [ˈpɔleg]
geräucherter Schinken	røget skinke [ˈrɔi̯ət ˈskinkə]
gekochter Schinken	kogt skinke [kɔgt ˈskinkə]
Salami	spegepølse [ˈspai̯əpölsə]
Schinkenwurst	skinkepølse [ˈskinkəpölsə]
Leberwurst	leverpølse [ˈlewərpölsə]
rote Würstchen	røde pølser [ˈröðə ˈpölsər]

Die traditionellen roten Würstchen werden røde pølser [ˈröðə ˈpölsər] oder bayerske pølser [ˈbai̯erskə ˈpölsər] (bayerische Würstchen) genannt. Sie werden an jeder Ecke in Imbissbuden (pølsevogn [ˈpölsəwou̯n]) gekocht oder gebraten verkauft.

LEVNEDSMIDLER

Brot	brød n. [bröð]
Vollkornbrot	fuldkornsbrød n. ['fulkornsbröð]
Weizenbrot	franskbrød n. ['franskbröð]
Knäckebrot	knækbrød n. ['knekbröð]
Sauerbrot	surbrød n. ['surbröð]
Roggenbrot	rugbrød n. ['rubröð]

Das kräftige rugbrød ['rubröð] ähnelt dem Pumpernickel, ist aber nicht so dunkel und hat einen milderen Geschmack. Das vollwertige Brot dient oft als Unterlage für die traditionellen Schnittchen (smørrebrød ['smörəbröð]).

Kuchen	kage ['käjə]
Sahnekuchen	flødekage ['flöðəkäjə]
Rührteig	røredej ['rörədai̯]
Blätterteig	butterdej ['budərdai̯]
Kuchen aus Rührteig	kage af røredejg ['käjə a 'rörədai̯]
Kleingebäck	småkager ['smɔkäjər]
Berliner/Krapfen	tysk æbleskive [tüsk 'äbləski:wə]
Keks	kiks [kiks]
Blätterteigteilchen	butterdejsmåkager ['budərdai̯ 'smɔkäjər]
kransekage ['kransəkäjə]	Makronenkuchen
wienerbrød n. ['wi:nərbröð]	Plundergebäck aus Blätterteig

LEVNEDSMIDLER

krydderboller ['krüðərbɔlər] — weiche Brötchen aus Weizenmehl, die bei Kaffeekränzchen und Kindergeburtstagsfesten nicht fehlen dürfen

krydder ['krüðər] — feiner Zwieback, der mit Butter und Aufstrich zum Frühstück verspeist wird

Obst	frugt [frugt]
Ananas	ananas ['ananas]
Apfel	æble n. ['ä:blə]
Apfelsine	appelsin [apəl'si:n]
Banane	banan [ba'nän]
Birne	pære ['pärə]
Brombeeren	brombær ['brɔmbär]

LEVNEDSMIDLER

Erdbeeren	jordbær ['jorbär]
Heidelbeeren	blåbær ['blɔbär]
Himbeeren	hindbær ['hinbär]
Kirschen	kirsebær ['kirsəbär]
Kiwi	kiwi ['kiwi]
Mango	mango ['maŋgo]
Melone	melon [me'loːn]
Nektarine	nektarin [nekta'riːn]
Pampelmuse	grapefrugt ['gräpfrugt]
Pfirsich	fersken ['ferskən]
Pflaume	blomme ['blɔmə]
Preiselbeeren	tyttebær ['tütəbär]
Trauben	druer ['druər]

> Eine umfassende Auflistung von Gemüsen, Kräutern, Käse-, Fisch- und Fleischsorten sowie Getränken finden Sie im Kapitel *Gastronomisches und Kulinarisches*.

Fertiggerichte	færdigretter [ferdi'retər]
Gefrierkost	frysekost ['früsəkɔst]

ZEIT FÜR DEN EINKAUF

Wo im Supermarkt ...?
Hvor i supermarkedet ... ?

| 028 | Wo finde ich ...? | Hvor finder jeg ... ? [wor 'finər jai] |

i fryseren [i 'früsərən]	in der Kühltruhe
ved ostedisken [weð 'oustədiskən]	an der Käsetheke
ved køddisken [weð 'köðdiskən]	an der Fleischtheke
i den *anden/sidste* gang [i dən 'anən/'sidstə gang]	im *zweiten/letzten* Gang
helt oppe/nede på hylden [he:lt 'ɔpə/'neðə pou 'hülən]	*ganz oben/unten* im Regal

| 029 | Könnten Sie mir bitte zeigen, wo? | Kunne du godt vise mig, hvor? ['kunə du gɔt 'wi:sə mai wor] |

Wie viel darf es sein?
Hvor meget skal det være?

	Ich hätte gern ▨.	Jeg ville gerne have ▨. [jai 'wilə 'gernə ha]
030	▨ ein Kilo ...	▨ et kilo ... [et 'kilo]
031	▨ ein Pfund ...	▨ et pund ... [et pun]
032	▨ hundert Gramm ...	▨ hundrede gram ... ['hunrəð gram]
033	▨ fünf Scheiben ...	▨ fem skiver ... [fem 'ski:wər]
034	▨ ein *kleines/großes* Stück ...	▨ et *lille/stort* stykke ... [et 'lilə/stort 'stükə]
035	Noch etwas mehr, bitte.	Noget mere, tak. [nouət mer tak]
036	Das reicht.	Det er nok. [dä er nɔk]

ZEIT FÜR DEN EINKAUF

In der Drogerie und der Apotheke
I håndkøbsudsalget og apoteket

Wie in Deutschland unterscheidet man in Dänemark zwischen einer Apotheke (apotek), wo auf Rezept verschriebene Medikamente ausgegeben und sogar selbst zusammengemischt werden, und einer Drogerie (håndkøbsudsalg), wo unter anderem Kosmetik und Körperpflegeproduke verkauft werden.

apotek [apo'te:k]	Apotheke
håndkøbsudsalg ['hɔnköbsuðsal]	Drogerie

| Ich suche ⟨?⟩. | Jeg søger efter ⟨?⟩. [jai̯ 'söər 'eftər] |

ZEIT FÜR DEN EINKAUF

037	☑ Zahnpflegeprodukte	☑ tandplejeprodukter ['tanplaijəprɔduktər]
038	☑ Haarpflegeprodukte	☑ hårplejeprodukter ['hourplaijəprɔduktər]
039	☑ Hautpflegeprodukte	☑ hudplejeprodukter ['huðplaijəprɔduktər]
	Ich bräuchte ⸮.	Jeg har brug for ⸮. [jai har bru for]
040	☑ eine *weiche/mittelharte/harte* Zahnbürste	☑ en *blød/medium/hård* tandbørste [e:n blöð/'me:dium/hour 'tanbörstə]
041	☑ Zahnpasta	☑ tandpasta ['tanpasta]
042	☑ Mundwasser	☑ mundvand ['munwan]
043	☑ Zahnseide	☑ tandtråd ['tantrouð]
044	☑ ein Shampoo für *fettiges/trockenes* Haar	☑ en shampoo til *fedtet/tørt* hår [e:n 'schampu til 'fetət/tört hour]
045	☑ eine Pflegespülung	☑ en conditioner [e:n kɔn'dischɔnər]
046	☑ einen Kamm	☑ en kam [e:n kam]
047	☑ eine Haarbürste	☑ en hårbørste [e:n 'hourbörstə]
048	☑ Haargummis	☑ hårbånd ['hourbɔn]
049	☑ Haarspray	☑ hårspray ['hoursprä:]
050	☑ Haargel	☑ hårgel ['hourge:l]
051	☑ eine Körperlotion	☑ en fugtighedscreme [e:n 'fugtiheðskre:m]
052	☑ eine Gesichtscreme	☑ en ansigtscreme [e:n 'ansigtskre:m]
053	☑ einen Lippenpflegestift	☑ en læbepomade [e:n 'läbəpɔmädə]
054	☑ Rasierschaum	☑ barberskum [bar'berskum]
055	☑ Rasierwasser	☑ barbervand [bar'berwan]
056	☑ einen Einwegrasierer	☑ en engangsbarbering [e:n 'e:ngangsbarbering]

ZEIT FÜR DEN EINKAUF

057	☑ eine Sonnenschutzcreme	☑ en solcreme [eːn 'soːlkreːm]
058	☑ Seife	☑ sæbe ['säːbə]
059	☑ Duschgel	☑ brusegel ['bruːsəgəl]
060	☑ ein Deodorant	☑ en deodorant [eːn deodɔ'rant]
061	☑ einen Nagelknipser	☑ en neglekipper [eːn 'nailəklipər]
062	☑ eine Schere	☑ en saks [eːn saks]
063	☑ Kosmetik *(zum Schminken)*	☑ sminke ['sminkə]
064	☑ einen Lippenstift	☑ en læbestift [eːn 'läbəstift]
065	☑ Wimperntusche	☑ mascara [mas'kara]
066	☑ Make-up	☑ kosmetik [kɔsme'tik]
	Verkaufen Sie ⍰?	Sælger du ⍰? ['seljər du]
067	☑ Schmerzmittel	☑ smertestillende midler ['smertəstilənə 'miðlər]
068	☑ Aspirin®	☑ aspirin® [aspi'riːn]
069	☑ Ibuprofen®	☑ ibuprofen® [ibuprɔ'feːn]
070	☑ Paracetamol®	☑ paracetamol® [para'setamol]
071	☑ Pflaster	☑ plaster ['plastər]
072	☑ Kondome	☑ kondomer [kɔn'doːmər]
073	☑ Damenbinden	☑ hygiejnebind ['hügiainəbin]
074	☑ Tampons	☑ tamponer [tam'poːnər]

Beim Optiker
Hos optikeren

075	Können Sie das reparieren?	Kan du reparere det? [kan du repa'reːrə dä]
	Ich brauche ⍰.	Jeg har brug for ⍰. [jai har bruː for]

ZEIT FÜR DEN EINKAUF

076	☑ eine Brille *(zum Lesen)*	☑ et par briller [et par ˈbrilər]
077	☑ eine Sonnenbrille	☑ et par solbriller [et par ˈsoːlbrilər]
078	☑ *weiche/harte* Kontaktlinsen	☑ *bløde/hårde* kontaktlinser [ˈblöðə/ˈhou̯rə kɔnˈtaktlinsər]
079	☑ Einweglinsen	☑ engangslinser [ˈeːŋgaŋslinsər]
080	☑ Kontaktlinsenlösung	☑ rensevæske til kontaktlinser [ˈrensəwæskə til kɔnˈtaktlinsər]
081	☑ Augentropfen	☑ øjendråber [ˈɔi̯əndrou̯bər]
082	Ich bin kurzsichtig.	Jeg er kortsynet. [jai̯ er ˈkortsünət]
083	Ich bin weitsichtig.	Jeg er langsynet. [jai̯ er ˈlaŋsünət]
084	Ich möchte einen Sehtest machen.	Jeg vil godt have mit syn undersøgt. [jai̯ wil gɔt ha mit sün ˈunərsögt]

Kleidung und Mode
Tøj og mode

P01	Darf ich das anprobieren?	Må jeg prøve det? [mou̯ jai̯ ˈpröwə dä]
P02	Wo sind die Umkleidekabinen?	Hvor er omklædningsrummene? [wor er ˈɔmklæðniŋsrumənə]

Passer *den/det*? [ˈpasər dən/dä]	Passt *er/sie/es*?

Er/Sie/Es ist zu ⍰.	*Den/Det* er for ⍰. [dən/dä er for]

P03	☑ klein	☑ lille [ˈlilə]
P04	☑ groß	☑ stor/stort [stor/stort]
P05	☑ eng	☑ snæver/snævert [ˈsnewər/ˈsnewərt]
P06	☑ weit	☑ løs/løst [lös/löst]
P07	☑ kurz	☑ kort [kort]
P08	☑ lang	☑ lang/langt [laŋ/laŋt]

105

ZEIT FÜR DEN EINKAUF

P09	*Er/Sie/Es* passt sehr gut.	*Den/Det* passer meget godt. [dən/dä ˈpasər ˈmajət gɔt]
P10	Ich nehme *ihn/sie/es*.	Jeg tager *den/det*. [jaj tar dən/dä]
P11	Leider nicht.	Desværre ikke. [desˈwärə ˈikə]
P12	Ich möchte *einen anderen/eine andere/ein anderes* anprobieren.	Jeg ville gerne prøve *en anden/et andet*. [jaj ˈwilə ˈgernə ˈpröwə eːn ˈanən/et ˈanət]
P13	Der Schnitt gefällt mir nicht so gut.	Snittet synes jeg ikke så godt om. [ˈsnitət ˈsünəs jaj ˈikə sou gɔt ɔm]
P14	Ich suche etwas *Elegantes/Schickes/Modernes*.	Jeg søger noget *elegant/smart/moderne*. [jaj ˈsöər ˈnouət eleˈgant/smart/mɔˈdernə]
P15	Haben Sie das in einer anderen Farbe?	Har du det i en anden farve? [har du dä i eːn ˈanən ˈfarwə]
P16	Haben Sie das mit einem anderen Muster?	Har du det i et andet mønster? [har du dä i et ˈanət ˈmönstər]
P17	Ich überlege es mir noch.	Jeg overvejer det endnu. [jaj ˈoːərwajər dä ˈenu]

Hvad størrelse bruger du? [wað ˈstörəlsə ˈbruər du]	Welche Größe haben Sie?

P18	Ich habe Größe ...	Jeg bruger størrelse ... [jaj ˈbruər ˈstörəlsə]
P19	Haben Sie das in Größe ...?	Har du det i størrelse ... ? [har du dä i ˈstörəlsə]
	Ich brauche ▢.	Jeg vil gerne se på ▢. [jaj wil ˈgernə seː pou]
P20	☑ einen Mantel	☑ en frakke [eːn ˈfrakə]
P21	☑ eine Jacke	☑ en jakke [eːn jakə]
P22	☑ eine Regenjacke	☑ en regnjakke [eːn ˈrajnjakə]
P23	☑ eine Strickjacke	☑ en strikket trøje [eːn ˈstrikət ˈtrɔjə]

ZEIT FÜR DEN EINKAUF

P24	☑ ein Kleid	☑ en kjole [e:n ˈkjo:lə]
P25	☑ eine Hose	☑ et par bukser [et par ˈbuksər]
P26	☑ eine Jeans	☑ et par jeans [et par dschi:ns]
P27	☑ einen Pullover	☑ en pullover [e:n puˈlouwər]
P28	☑ ein Hemd	☑ en skjorte [e:n ˈskjortə]
P29	☑ eine Bluse	☑ en bluse [e:n ˈblu:sə]
P30	☑ ein Sweatshirt	☑ en sweatshirt [e:n ˈswetschərt]
P31	☑ einen Rock	☑ en nederdel [e:n ˈneðərde:l]
P32	☑ ein T-Shirt	☑ en T-shirt [e:n ˈti:schərt]
P33	☑ Unterwäsche	☑ undertøj [ˈunərtɔi]
P34	☑ einen BH	☑ en BH [e:n be: hou]
P35	☑ eine Unterhose *(für Frauen)*	☑ et par trusser [et par ˈtrusər]
P36	☑ eine Unterhose *(für Männer)*	☑ et par underbukser [et par ˈunərbuksər]

ZEIT FÜR DEN EINKAUF

P37	☑ einen Badeanzug	☑ en badedragt [eːn ˈbäðədragt]
P38	☑ einen Bikini	☑ en bikini [eːn biˈkini]
P39	☑ eine Badehose	☑ et par badebukser [et par ˈbäðəbuksər]
P40	☑ einen Bademantel	☑ en badekåbe [eːn ˈbäðəkoubə]
P41	☑ einen Hut	☑ en hat [eːn hat]
P42	☑ einen Sonnenhut	☑ en solhat [eːn ˈsoːlhat]
P43	☑ eine Mütze	☑ en hue [eːn ˈhuːə]
P44	☑ einen Schal	☑ et halstørklæde [et ˈhalstörklädə]
P45	☑ Handschuhe	☑ handsker [ˈhanskər]
P46	☑ Socken	☑ sokker [ˈsɔkər]
P47	☑ Kniestrümpfe	☑ knæstrømper [ˈknäströmpər]
P48	☑ eine Strumpfhose	☑ et par strømpebukser [et par ˈströmpəbuksər]
P49	☑ Stiefel	☑ støvler [ˈstou̯lər]
P50	☑ Sportschuhe	☑ sportssko [ˈsportssko]
P51	☑ Wanderschuhe	☑ vandresko [ˈwandrəsko]
P52	☑ Sandalen	☑ sandaler [sanˈdälər]
P53	☑ Ballerinas	☑ ballerinas [baləˈrinas]
P54	☑ Pumps *(hochhackig)*	☑ højhælede sko [ˈhɔi̯häläðə sko]
P55	☑ Hausschuhe	☑ hjemmesko [ˈjeməsko]
P56	Aus welchem Material ist das?	Hvad er det lavet af? [wað er dä ˈläwət ä]
	Ist das ☐?	Er det ☐? [er dä]
P57	☑ reine Baumwolle	☑ hundrede procent bomuld [ˈhunrəð proˈsent ˈbɔmul]
P58	☑ Wolle	☑ uld [ul]
P59	☑ Seide	☑ silke [ˈsilkə]
P60	☑ Kunstfaser	☑ syntetisk [sünˈteːtisk]
P61	☑ Leinen	☑ linned/lærred [ˈlinəð/ˈlärəð]

ZEIT FÜR DEN EINKAUF

Zweierlei Leinen

Wenn es sich um dünnes Material wie bei Hemden oder Bettbezügen handelt, benutzt man den Begriff linned. Bei Jacken oder Ölgemälden ist der richtige Begriff lærred.

In der Reinigung
I renseriet

P62	Ich möchte das reinigen lassen.	Jeg ville gerne have det renset. [jai 'wilə 'gernə ha dä 'rensət]
P63	Bekommen Sie diese Flecken heraus?	Vil du være i stand til at fjerne pletterne? [wil du 'wärə i stan til at 'fjernə 'pletərnə]
P64	Reinigen Sie auch Leder?	Renser du også læder? ['renser du 'ɔsə 'leðər]
P65	Das ist nicht richtig sauber geworden.	Det er ikke blevet rigtig rent. [dä er 'ikə 'ble:wət 'rigti re:nt]
P66	Der Fleck ist nicht herausgegangen.	Pletten er ikke gået af. ['pletən er 'ikə 'gouət ä]

Beim Friseur
Hos frisøren

	Ich hätte gern ☐.	Jeg ville gerne have ☐. [jai 'wilə 'gernə ha]
Q01	☑ die Haare geschnitten	☑ håret klippet [hourət 'klipət]
Q02	☑ eine neue Frisur	☑ en ny frisure [e:n 'nü fri'sürə]
Q03	☑ einen Kurzhaarschnitt	☑ en kort frisure [e:n kort fri'sürə]
Q04	☑ eine Dauerwelle	☑ en permanent krølning [e:n perma'nent 'krølning]

🔊 ZEIT FÜR DEN EINKAUF

Q05	☑ helle Strähnchen	☑ lyse striber ['lüsə 'stri:bər]
Q06	☑ dunkle Strähnchen	☑ mørke striber ['mörkə 'stri:bər]
Q07	☑ die Spitzen geschnitten	☑ håret studset ['hourət 'stusət]
Q08	☑ eine Maniküre	☑ en manicure [e:n mani'kürə]
Q09	☑ eine Pediküre	☑ en pedicure [e:n pedi'kürə]
Q10	☑ die Wimpern gefärbt	☑ øjenvipperne farvet ['ɔiənwipərnə 'farwət]
Q11	☑ die Augenbrauen gefärbt	☑ øjenbrynene farvet ['ɔiənbrünənə 'farwət]
Q12	Bitte etwas kürzer.	Noget kortere, tak. ['nouət 'kortərə tak]
Q13	Bitte nicht ganz so kurz.	Ikke helt så kort, tak. ['ikə he:lt sou kort tak]
Q14	die Ohren frei	ørene udækket ['örənə 'udäkət]
Q15	Ich habe Spliss.	Jeg har spaltet hår. [jai har 'spaltət hour]
Q16	mit Waschen und Fönen	med vaskning og føntørring [með 'waskning o 'föntöring]
Q17	Tönen	en farvetoning [e:n 'farwətoning]
Q18	Färben	en farvning [e:n 'farwning]

Im Fotogeschäft
I fotoforretningen

Q19	Ich möchte diese Aufnahmen entwickeln lassen.	Jeg ville gerne have disse billeder fremkaldt. [jai 'wilə 'gernə ha 'disə 'bilədər 'fremkalt]
Q20	in matter Qualität	i mat udførelse [i mat 'uðförəlsə]
Q21	in Hochglanzqualität	i glans udførelse [i glans 'uðförəlsə]
Q22	Könnten Sie diese Bilder ausdrucken?	Kunne du trykke disse billeder? ['kunə du 'trükə 'disə 'bilədər]
	in Größe ... mal ...	i størrelse ... gange ... [i 'störəlsə ... 'gangə]

ZEIT FÜR DEN EINKAUF

Ich möchte ☐ kaufen.	Jeg ville gerne købe ☐. [jai 'wilə 'gernə 'köbə]
Q23 ☑ einen Akku	☑ en akkumulator [eːn akumu'lɑ̈itor]
Q24 ☑ eine Batterie	☑ et batteri [et batɑ'riː]
Q25 ☑ eine Speicherkarte	☑ et hukommelseskort [et 'hukɔməlsəskort]
Q26 ☑ ein Ladegerät	☑ et ladeapparat [et 'lɑ̈ðəɑpɑrɑːt]
Q27 ☑ ein USB-Kabel	☑ et USB-kabel [et u es beː 'kɑ̈bəl]
Q28 ☑ eine Digitalkamera	☑ et digitalkamera [et digi'tælkɑmərɑ]
Q29 ☑ eine Spiegelreflex-kamera	☑ et spejlreflekskamera [et 'spɑilrefleskɑmərɑ]
Q30 ☑ eine Einwegkamera (für Unterwasser-aufnahmen)	☑ et engangskamera (til undervandsoptagelser) [et 'eːngɑŋskɑmərɑ (til 'unərwɑnsɔptæːəlsər)]
Q31 ☑ ein Objektiv	☑ et objektiv [et objek'tiu̯]
Q32 ☑ einen Filter	☑ et filter [et 'filtər]
Q33 ☑ ein Stativ	☑ et stativ [et stɑ'tiu̯]
Q34 ☑ eine Kameratasche	☑ en kameratasske [eːn 'kɑmərɑtɑskə]
Q35 ☑ ein Fernglas	☑ en kikkert [eːn 'kikert]

Musik
Musik

Ich suche ☐.	Jeg søger ☐. [jai 'söər]
Q36 ☑ eine CD von ...	☑ en CD af ... [eːn seː deː a]
Q37 ☑ das neue Album von ...	☑ det nye album af ... [dä 'nüə 'album a]
Q38 Gibt es dieses Lied auf CD?	Findes der denne sang på CD? ['finəs der 'denə saŋ pou seː deː]
Q39 Kann ich mir das mal anhören?	Kan jeg høre den? [kan jai 'hörə dən]

🔊 ZEIT FÜR DEN EINKAUF

Elektrische und elektronische Produkte
Elektriske og elektroniske produkter

Ich möchte ☐ kaufen.	Jeg ville gerne købe ☐. [jai 'wilə 'gernə 'köbə]
Q40 ☑ einen PC	☑ en PC [e:n pe: se:]
Q41 ☑ einen Laptop	☑ en laptop [e:n 'laptɔp]
Q42 ☑ ein Notebook	☑ en notebook [e:n 'noutbuk]
Q43 ☑ eine Maus	☑ en mus [e:n mus]
Q44 ☑ ein Netbook	☑ en netbook [e:n 'netbuk]
Q45 ☑ einen MP3-Spieler	☑ en MP3-spiller [e:n em pe: tre: 'spilər]
Ich brauche ☐.	Jeg har brug for ☐. [jai har bru for]
Q46 ☑ einen Adapter	☑ en adapter [e:n a'daptər]
Q47 ☑ einen Kopfhörer (Ohrstöpsel)	☑ øreknopper ['örəknɔpər]
(mit Bügel für den Kopf)	☑ en hovedtelefon [e:n 'ho:wəðtelefo:n]
Q48 ☑ einen Fön®	☑ en hårtørrer [e:n 'hourtörər]
Q49 ☑ einen Rasierapparat	☑ en barbermaskine [e:n bar'bermaski:nə]
Q50 ☑ ein Verlängerungskabel	☑ en forlængelsesledning [e:n for'längəlsəsleðning]
Q51 ☑ eine Tastatur	☑ et tastatur [et tasta'tur]
Q52 ☑ einen neuen Akku	☑ en ny akkumulator [e:n nü akumu'lätor]
Q53 Die passenden Batterien dafür, bitte.	Batterierne der passer til det, tak. [batə'riərnə der 'pasər til dä tak]

Etwas zum Lesen
Noget at læse

| Q54 | Ich suche einen Buchladen. | Jeg søger en boghandel. [jai 'söər e:n 'bo:hanəl] |

ZEIT FÜR DEN EINKAUF

Verkaufen Sie ☐ in deutscher Sprache?	Sælger du ☐ på tysk? ['säljər du pou tüsk]
Q55 ☑ Zeitungen	☑ aviser [a'wi:sər]
Q56 ☑ Zeitschriften	☑ magasiner [maga'si:nər]
Q57 ☑ Bücher	☑ bøger ['böər]

Etwas zum Schreiben
Noget at skrive med

Gibt es hier ein Schreibwarengeschäft?	Er der en papirforretning her? [er der e:n pa'pirforretning her]
Ich bräuchte ☐, bitte.	Jeg ville godt have ☐. [jai 'wilə gɔt ha]
Q59 ☑ einen Bleistift	☑ en blyant [e:n 'blüant]
Q60 ☑ einen Kugelschreiber	☑ en kuglepen [e:n 'kuləpen]
Q61 ☑ einen Füller	☑ en fyldepen [e:n 'füləpen]

ZEIT FÜR DEN EINKAUF

Q62	☑ Tinte	☑ blæk [blek]
Q63	☑ Tintenpatronen	☑ blækpatroner [blekpa'tro:nər]
Q64	☑ eine Ersatzmine (für Kugelschreiber)	☑ en reservepatron [e:n re'serwəpatro:n]
Q65	☑ einen Radiergummi	☑ et viskelæder [et 'wiskəläðər]
Q66	☑ einen Anspitzer	☑ en blyantspidser [e:n 'blüantspisər]
Q67	☑ einen linierten Block	☑ en linieret blok [e:n lini'erət blɔk]
Q68	☑ einen karierten Block	☑ en ternet blok [e:n 'ternət blɔk]

Souvenirs und Geschenke
Souvenirer og gaver

> Sollten Sie ein kulinarisches Souvenir suchen, bieten sich die vielen verschiedenen Sorten von Lakritz (lakrids (la'krits]) an. Lakritz gibt es in süßen, salzigen und sauren Geschmacksrichtungen. Auch Herzbonbons (hjertebolsjer ['jertəbɔlschər]) sind nicht nur für Kinder ein willkommenes Geschenk.
> Eine Flasche akvavit [akwa'wi:t] erfreut alle, die gern mal ein Gläschen trinken.

	Ich suche ein Geschenk für ?.	Jeg søger en gave til ?. [jai 'söər e:n 'gäwə til]
Q69	☑ meine Frau	☑ min kone [mi:n 'ko:nə]
Q70	☑ meinen Mann	☑ min mand [mi:n man]
Q71	☑ meine Mutter	☑ min mor [mi:n mor]
Q72	☑ meinen Vater	☑ min far [mi:n far]

ZEIT FÜR DEN EINKAUF

Q73	☑ ein Kind	☑ et barn [et barn]
Q74	☑ einen Jungen	☑ en dreng [e:n dreng]
Q75	☑ ein Mädchen	☑ en pige [e:n ˈpi:ə]
Q76	Haben Sie etwas typisch Dänisches?	Har du noget typisk dansk? [har du ˈnouət ˈtüpisk dansk]
Q77	Ist das Handarbeit?	Er det håndarbejde? [er dä ˈhɔnarbaidə]
Q78	Haben Künstler aus der Region das gemacht?	Er det lavet af kunstnere fra denne egn? [er det ˈläwət a ˈkunsnərə fra ˈdenə ain]
Q79	Ist das echtes Silber?	Er det ægte sølv? [er dä ˈägtə sölw]
Q80	Ist das echtes Gold?	Er det ægte guld? [er dä ˈägtə gul]
Q81	Wo ist der Stempel?	Hvor er stemplet? [wor er ˈstemplət]
Q82	Gibt es ein Echtheitszertifikat dafür?	Er der et ægthedscertifikat for det? [er der et ˈägtheðssertifikät for dä]

In Dänemark gibt es seit kurzem auch Weihnachtsmärkte. Da kann man die geheimnisvollen nisser [ˈnisər] (Weihnachtkobolde) als kleine Puppen kaufen, mit denen man das Haus zu Weihnachten schmückt. Der kleine nissemand [ˈnisəman] (Weihnachtsmännchen), auch ein Überbleibsel aus vorchristlichen Zeiten, wohnt außerhalb der Weihnachtszeit auf Grönland, wo er mit seiner großen Familie Weihnachtsgeschenke für die Kinder herstellt. Bei der traditionellen dänischen Weihnachtsfeier, wie man sie noch auf Bauernhöfen begeht, wird den Kobolden ein Teller Reisbrei (risengrød [ˈrisəngröö]) auf den Dachboden gestellt. Ist er bis zum Silvester aufgegessen, beschert dies Glück für das neue Jahr.

ZEIT FÜR DEN EINKAUF

Etwas bezahlen
Betale for noget

R01	Ich zahle in bar.	Jeg betaler kontant. [jɑi bə'tälər kɔn'tant]
R02	Ich zahle mit Kreditkarte.	Jeg betaler med kreditkort. [jɑi bə'tälər með kre'ditkort]
R03	Akzeptieren Sie diese Debitkarte?	Accepterer du dette debetkort? [aksep'terər du 'detə 'debetkort]

Die EC-Karte ist eine Debitkarte. In einigen großen dänischen Kaufhäusern können Sie damit zahlen, aber in vielen anderen Geschäften nicht. Fragen Sie lieber nach, bevor Sie eine unangenehme Überraschung erleben. Mit Bargeld oder mit Kreditkarte kann man so gut wie überall zahlen. Da Dänemark jedoch nicht an der europäischen Währungsreform teilhat, muss man bei Kartenzahlung zusätzlich mit Währungsumrechnungsprovisionen rechnen. Fragen Sie Ihre Bank, wie hoch die zu erwartenden Gebühren sind.
Oft verlangt man bei Kartenzahlung die Eingabe der Geheimnummer anstelle der Unterschrift. Noch ein Tipp: Schreiben Sie vor dem Reiseantritt die Nummer Ihrer Karte und die Telefonnummer Ihrer Bank auf, damit Sie bei Verlust sofort die Karte sperren lassen können.

Vil du godt skrive under her? [wil du gɔt 'skri:wə 'unər her]	Bitte hier unterschreiben.
Din *underskrift/PIN*, tak. [di:n 'unərskrift/pin tak]	Ihre *Unterschrift/PIN*, bitte.

R04	Ich sollte noch Wechselgeld bekommen.	Jeg skulle have nogle byttepenge tilbage. [jɑi 'skulə ha 'nɒulə 'bütəpeŋə til'bæə]
R05	Das Wechselgeld stimmt nicht.	Byttepengene stemmer ikke. ['bütəpeŋənə 'stemər 'ikə]

ZEIT FÜR DEN EINKAUF

R06	Es fehlt/fehlen ...	Der mangler ... [der 'maŋglər]
R07	Kann ich bitte den Kassenbon haben?	Kan jeg godt få kassesedlen? [kan jaj gɔt fou 'kasəseðlən]
R08	Mit der Rechnung stimmt etwas nicht.	Der er noget galt med regningen. [der er 'nouət gält með 'rainiŋən]

In Dänemark ist die Mehrwertsteuer (MOMS [mɔms]) sehr hoch: 25 % auf die meisten Artikel. Das gilt auch für Lebensmittel. Wenn Sie die Möglichkeit haben, als Selbstversorger Nahrungsmittel und Getränke aus dem Heimatland mitzunehmen, können Sie so einiges sparen. Besonders teuer sind Nahrungsmittel mit hohem Fettgehalt, denn im gesundheitsbewussten Dänemark wurde 2011 eine Fettsteuer auf ungesättigte Fettsäuren eingeführt.

R09	Diesen Artikel habe ich nicht gekauft.	Denne artikel har jeg ikke købt. ['denə ar'tikəl har jaj 'ikə köbt]

Um den Preis handeln
Forhandle om prisen

Wo darf gehandelt werden?

In Geschäften ist das Handeln unüblich. Doch auf einem Flohmarkt loppemarked ['lɔpəmarkəð] darf ruhig geschachert werden.

R10	Wie viel kostet das?	Hvor meget koster det? [wor 'majət 'kɔstər dä]

Zeit für den Einkauf

R11	Es tut mir leid, aber das ist zu teuer.	Det gør mig ondt, men det er for dyrt. [dä gör mai ɔnt men dä er for dürt]
R12	Könnte ich eine Ermäßigung bekommen?	Kunne jeg få en rabat? ['kunə jai fou e:n ra'bat]

Hvad med …? [waðmeð]	Wie wäre es mit …?

R13	Für … nehme ich es.	For … tager jeg det. [for … tar jai dä]
R14	Das ist mein letztes Angebot.	Det er mit sidste tilbud. [dä er mit 'sidstə 'tilbuð]
R15	Ich muss es mir noch einmal überlegen.	Jeg vil tænke over det igen. [jai wil 'tänkə 'ɔuər dä i'gen]
R16	Abgemacht!	Afgjort! [augjort]

Schnäppchen sind rar

Wenn es um Artikel für das tägliche Leben geht, findet man selten Schnäppchen in Dänemark. Eine Ausnahme stellen Antiquitäten dar. Auf Straßenmärkten lässt sich hier und da durchaus etwas Interessantes zu günstigen Preisen ergattern.

Gekauftes umtauschen oder zurückgeben
Bytte det købte eller give det tilbage

	Dieser Artikel ☐.	Denne artikel ☐. ['denə ar'tikəl]
R17	☑ ist beschädigt	☑ er beskadiget [er bə'skäðiət]
R18	☑ funktioniert nicht richtig	☑ fungerer ikke rigtigt [fun'gerər 'ikə 'rigtit]
R19	☑ ist nicht, was ich wollte	☑ er ikke, hvad jeg ville have [er 'ikə wað jai 'wilə ha]
	Ich möchte ☐.	Jeg vil godt have ☐. [jai wil gɔt ha]

ZEIT FÜR DEN EINKAUF

R20	☑ das umtauschen	☑ det byttet [dä ˈbütət]
R21	☑ das zurückgeben	☑ det tilbage leveret [dä tilˈbäe ləˈwerət]
R22	☑ mein Geld erstattet	☑ mine penge godtgjort [ˈminə ˈpengə ˈgɔtgjort]
R23	Ein Gutschein wäre auch in Ordnung.	Et værdibevis ville også være i orden. [et werˈdibəwiːs ˈwilə ˈɔsə ˈwärə i ˈordən]

Bank og post
Bank und Post

BANK UND POST

Die Währung
Valutaen

Die Währung Dänemarks ist nach wie vor die Krone (krone ['kronə], Mehrzahl: kroner ['kronər]). Da sie aber dem europäischen Wechselkursmechanismus unterliegt, schwankt ihr Kurs nur minimal: 1 Euro = ca. 7,5 Kronen. Einer Krone entsprechen 100 Ören ører (['örər]), Einzahl: øre (['örə]).
Münzen gibt es im Wert von 50 Ören, einer Krone, 2, 5, 10 und 20 Kronen. Banknoten existieren im Wert von 50, 100, 200, 500 und 1000 Kronen.

R24	Ich möchte das gern in dänische Kronen umtauschen.	Jeg ville gerne veksle det til danske kroner. [jai 'wilə 'gernə 'wekslə dä til 'danskə 'kronər]

🔊 BANK UND POST

R25	Wie ist der Wechselkurs heute?	Hvad er vekselkursen i dag? [wað er 'weksəlkursən i dä]
R26	Wie hoch ist die Umrechnungsgebühr?	Hvor meget er omregningsgebyret? [wor 'majət er 'ɔmrainiŋsgəbürət]
	Ich hätte das Geld gern in ▢.	Jeg ville gerne have pengene i ▢. [jai 'wilə 'gernə ha 'peŋgənə i]
R27	☑ kleinen Scheinen	☑ små sedler [smou 'seðlər]
R28	☑ Fünf- und Zehn-Kronen-Münzen	☑ fem og ti krone mønter [fem o ti 'kronə 'möntər]
R29	☑ Zwanzig-Kronen-Münzen und Fünfzig-Kronen-Scheinen	☑ tyve krone mønter og halvtreds krone sedler ['tüwə 'kronə 'möntər o 'haltres 'kronə 'seðlər]

Geld besorgen
Skaffe penge

EC-Karte oder Kreditkarte?

Mit EC-Karte und PIN kann man in Dänemark an vielen Automaten Geld abheben. Möglicherweise müssen Sie mit Währungsumrechnungsprovisionen rechnen. Hinzu kommen die Abhebungsgebühren, die auch in Deutschland an institutsfremden Automaten anfallen würden. Ähnliches gilt für die Kreditkarte, doch mit ihr kann man an fast allen Automaten Geld bekommen. Einige deutsche Banken haben jedoch Partnerbanken in Dänemark, an deren Geldautomaten Sie gebührenfrei abheben können. Am besten erkundigen Sie sich bei Ihrer Bank nach der Höhe der Gebühren und möglichen Partnern im Ausland.

R30	Gibt es einen Geldautomaten in der Nähe?	Er der en pengeautomat i nærheden? [er der e:n 'peŋgəautomät i 'närheðən]

BANK UND POST

R31	Wo ist die nächste Bank?	Hvor er den nærmeste bank? [wor er dən 'närməstə bank]
R32	Ich möchte diesen Reisescheck einlösen.	Jeg vil godt indløse disse rejsechecks. [jai wil gɔt 'inlösə 'disə 'raisəscheks]

In der Post
På posthuset

Briefe oder Postkarten aus Dänemark verschickt man als Standardbrief (brev [breu̯]) oder als Sparbrief (økonomibrev [ökɔnɔ'mibreu̯]). Standardbriefe sollten mit dem internationalen Kennzeichen A Prioritaire beschriftet werden und die sogenannten Sparbriefe mit B Economique. Sparbriefe kommen ein paar Tage später bei der Zieladresse an.

Gewicht	Dänemark	innerhalb Europas	Rest der Welt
Standardbrief, Postkarte bis 50 g	8,00 dkr	11,50 dkr	13,00 dkr
Sparbrief, Postkarte bis 50 g	6,00 dkr	9,00 dkr	11,00 dkr

	Ich bräuchte ☐.	Jeg har brug for ☐. [jai har bru for]
R33	☐ einen Briefumschlag	☐ en konvolut [e:n kɔnvo'lut]
R34	☐ eine Briefmarke	☐ et frimærke [et 'frimerkə]
R35	☐ die passende Briefmarke	☐ det rigtige frimærke [dä 'rigtiə 'frimerkə]
	Ich möchte ☐ aufgeben.	Jeg ville godt indlevere ☐. [jai 'wilə gɔt 'inləverə]

Bank und Post

R36	☑ diese Postkarte	☑ dette postkort ['detə pɔstkort]
R37	☑ diesen Brief	☑ dette brev ['detə breu]
R38	☑ dieses Päckchen	☑ denne brevpakke ['denə 'breupakə]
R39	nach Deutschland	til Tyskland [til 'tüsklan]
R40	nach Österreich	til Østrig [til 'östri]
R41	in die Schweiz	til Schweiz [til swaits]
R42	Welche Briefmarke brauche ich dafür?	Hvilket frimærke har jeg brug for til det? ['wilket 'frimerkə har jai bru for til dä]

Fritidsaktiviteter
Freizeitaktivitäten

FREIZEITAKTIVITÄTEN

Ganz allgemein
Helt almindeligt

Wie viel kostet der Eintritt für ☑?	Hvor meget koster entreen for ☑? [wor 'ma̲i̲ət 'kɔstər aŋg'träən for]
S01 ☑ Kinder und Schüler	☑ børn og elever [börn o e'le:wər]
S02 ☑ Studenten	☑ studerende [stu'derənə]
S03 ☑ Erwachsene	☑ voksne ['wɔksne]
S04 ☑ Senioren	☑ pensionister [paŋgsio'nistər]
S05 ☑ Gruppen	☑ grupper ['grupər]
S06 Gibt es eine Ermäßigung?	Er der en rabat? [er der e:n ra'bat]
S07 Zwei Erwachsene und ein Kind, bitte.	To voksne og et barn, tak. [to 'wɔksnə o et barn tak]
Wann *öffnet/schließt* ☑?	Hvornår *åbner/lukker* ☑? [wor'nou̲r 'o̲u̲bnər/'lukər]
S08 ☑ das Museum	☑ museet [mu'sæət]
S09 ☑ die Ausstellung	☑ udstillingen ['uðstiliŋən]
S10 ☑ der Themenpark	☑ temaparken ['tämaparkən]
S11 ☑ der Vergnügungspark	☑ forlystelsesparken [for'lüstəlsəsparkən]

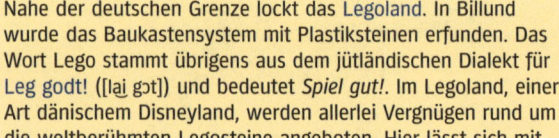

Nahe der deutschen Grenze lockt das Legoland. In Billund wurde das Baukastensystem mit Plastiksteinen erfunden. Das Wort Lego stammt übrigens aus dem jütländischen Dialekt für Leg godt! ([la̲i̲ gɔt]) und bedeutet *Spiel gut!*. Im Legoland, einer Art dänischem Disneyland, werden allerlei Vergnügen rund um die weltberühmten Legosteine angeboten. Hier lässt sich mit Kindern ein Tag ohne Sonnenschein gut verbringen.

FREIZEITAKTIVITÄTEN

Gibt es ▢?	Er der ▢? [er der]
S12 ☑ einen Geschenkladen	☑ en gavebod [eːn ˈgävəboð]
S13 ☑ ein Café	☑ en café [eːn kaˈfeː]
S14 ☑ ein Restaurant	☑ en restaurant [eːn restou̯ˈraŋg]
S15 ☑ eine Garderobe	☑ en garderobe [eːn gardəˈrobə]

Ingen adgang for børn [ˈiŋgən ˈaðgaŋg for børn]	Kinder haben keinen Zutritt.
kun i ledsagelse af *en voksen/en af forældrene* eller en formynder [kun i ˈleðsäəlsə a eːn ˈwɔksən/eːn a forˈäldrənə ˈelər eːn ˈformünər]	nur in Begleitung *eines Erwachsenen/ eines Elternteils* oder Erziehungsberechtigten

S16	Was kostet die Teilnahme?	Hvad koster deltagelsen? [waðˈkɔstər ˈdeltäəlsən]
S17	Was kostet der Kurs?	Hvad koster kurset? [ˈwað ˈkɔstər ˈkursət]
S18	Was kostet eine Stunde?	Hvad koster en time? [wað ˈkɔstər eːn ˈtiːmə]
S19	Ich möchte eine Stadtrundfahrt machen.	Jeg ville godt tage på en bytur. [jai̯ ˈwilə gɔt ta pou̯ eːn ˈbütur]

Sport
Sport

Wo können wir ▢ spielen?	Hvor kan vi spille ▢? [wor kan wi ˈspilə]
S20 ☑ (Beach-)Volleyball	☑ (beach) volleyball [(biːtsch) ˈwɔlibɔu̯l]
S21 ☑ Fußball	☑ fodbold [ˈfoðbɔld]
S22 ☑ Golf	☑ golf [gɔlf]

🔊 FREIZEITAKTIVITÄTEN

S23	☑ Minigolf	☑ minigolf ['minigɔlf]
S24	☑ Tennis	☑ tennis ['tenis]
S25	Darf ich mitspielen?	Må jeg spille med? [mou̯ jai̯ 'spilə með]
S26	Ich würde gern eine Wanderung machen.	Jeg ville gerne tage på en vandretur. [jai̯ 'wilə 'gernə ta pou̯ e:n 'wandrətur]
S27	Können Sie uns einen *schönen/kurzen* Wanderweg empfehlen?	Kunne du anbefale os en *køn/kort* vandrevej? ['kunə du 'anbəfalə ɔs e:n kön/kort 'wandrəwai̯]
	Wo kann man ❓ ?	Hvor kan man ❓? [wor kan man]
S28	☑ eine Wanderkarte bekommen	☑ få et vandrekort [fou̯ et 'wandrəkort]
S29	☑ angeln	☑ fiske ['fiskə]
S30	☑ ein Fahrrad mieten	☑ leje en cykel ['lai̯jə e:n 'sükəl]
S31	☑ ein Mountainbike mieten	☑ leje en mountainbike ['lai̯jə e:n 'mau̯ntən bai̯k]
S32	☑ gut joggen	☑ løbe godt ['lö:bə gɔt]
S33	☑ reiten	☑ ride ['ri:ðə]
S34	Gibt es in der Nähe eine Reitschule?	Er der en rideskole i nærheden? [er der e:n 'ri:ðəskolə i 'närheðən]

Wassersport
Vandsport

	Ich würde gern ❓.	Jeg ville gerne ❓. [jai̯ 'wilə 'gernə]
S35	☑ Kajak fahren	☑ sejle i kajak ['sai̯lə i kai̯'jak]
S36	☑ segeln	☑ sejle ['sai̯lə]
S37	☑ kitesurfen	☑ kitesurfe ['kai̯tsöəfə]
S38	☑ tauchen	☑ dykke ['dükə]
S39	☑ Wasserski fahren	☑ stå på vandski [stou̯ pou̯ 'wanski]
S40	☑ wellenreiten	☑ wavesurfe ['u̯æwsöəfə]

FREIZEITAKTIVITÄTEN

S41	☑ windsurfen	☑ windsurfe ['winsöəfə]
	Ich möchte ☐ mieten.	Jeg vil godt leje ☐. [jai wil gɔt 'laijə]
S42	☑ ein Motorboot	☑ en motorbåd [eːn 'motorboᵘð]
S43	☑ einen Katamaran	☑ en katamaran [eːn katama'ran]
S44	☑ ein Segelboot	☑ en sejlbåd [eːn 'sailboᵘð]
S45	☑ ein Ruderboot	☑ en robåd [eːn 'roːboᵘð]
S46	☑ ein Tretboot	☑ en trædebåd [eːn 'träðəboᵘð]
S47	☑ ein Kajak	☑ en kajak [eːn kai'jak]
S48	☑ ein Surfbrett	☑ et surfbræt [et 'söəfbret]
S49	☑ eine Taucherausrüstung	☑ en dykkerudrustning [eːn 'dükəruðrustning]
S50	Wie ist der Wellengang?	Hvordan er bølgegangen? [wor'dan er 'böljəgangən]
S51	Ich möchte schwimmen gehen.	Jeg vil godt gå ud at svømme. [jai wil gɔt goᵘ uð at 'swömə]

FREIZEITAKTIVITÄTEN

S52	Gibt es ein Freibad in der Nähe?	Er der et friluftsbad i nærheden? [er der et ˈfriluftsbað i ˈnärheðən]
S53	Gibt es ein Hallenbad in der Nähe?	Er der en svømmehal i nærheden? [er der eːn ˈswömǝhal i ˈnärheðən]
S54	Ist dies das Nichtschwimmerbecken?	Er det ikke-svømmerbassinet? [er dä ˈikǝ ˈswömǝrbaseŋǝt]
	Wo sind die ??	Hvor er ?? [wor er]
S55	☑ Duschen	☑ bruserne [ˈbrusǝrnǝ]
S56	☑ Umkleideräume	☑ omklædningsrummene [ˈɔmklääðniŋsrumǝnǝ]
S57	☑ Schließfächer	☑ boksene [ˈbɔksǝnǝ]
S58	Wo bekomme ich *die passende Münze/den Chip*?	Hvor får jeg *den rigtige mønt/chippen*? [wor four jai dǝn ˈrigtiǝ mönt/tschipǝn]

Am Strand
På stranden

FREIZEITAKTIVITÄTEN

Auf Ferienhäusern am Strand weht stolz die rot-weiße Fahne Dänemarks (dannebrog ['danəbro]). Sie ist allgegenwärtig – auch in Vorortsgärten, bei Familienfeiern, auf Christbäumen usw.

S59	Wie komme ich zum Strand?	Hvordan kommer jeg til stranden? [wor'dan 'kɔmər jai til 'stranən]
S60	Darf man hier schwimmen?	Må man svømme her? [mou man 'swömə her]

Der er flod. [der er floð]	Es ist Flut.
Der er ebbe. [der er 'ebə]	Es ist Ebbe.

S61	Gibt es gefährliche Strömungen?	Er der farlige strømme? [er der 'farliə 'strömə]
S62	Gibt es gefährliche Quallen?	Er der farlige vandmænd? [er der 'farliə 'wanmen]
	Ich möchte ⬚ kaufen.	Jeg vil godt købe ⬚. [jai wil gɔt 'köbə]
	Ich möchte ⬚ mieten.	Jeg vil godt leje ⬚. [jai wil gɔt 'laijə]
S63	☑ einen Sonnenschirm	☑ en parasol [eːn para'sɔl]
S64	☑ einen Strandstuhl	☑ en strandstol [eːn 'stranstoːl]
S65	☑ einen Windschutz	☑ en windskærm [eːn 'winskärm]

Wellness
Wellness

	Ich möchte ⬚.	Jeg vil godt ⬚. [jai wil gɔt]
S66	☑ ein Dampfbad nehmen	☑ tage et dampbad [ta et 'dampbað]

FREIZEITAKTIVITÄTEN

In Dänemark gilt es als unhöflich, einen Liegestuhl mit einem Handtuch für sich zu reservieren und ihn dann nicht zu benutzen. Seien Sie nicht überrascht, wenn jemand in Ihrer Abwesenheit das Handtuch beiseitegeräumt hat und nun auf „Ihrem" Stuhl liegt.

S67	☑ eine Massage buchen	☑ bestille en massage [bə'stilə eːn ma'säschə]
S68	☑ ein Handtuch leihen	☑ leje et håndklæde ['lɑijə et 'hɔnklädə]
S69	☑ einen Bademantel leihen	☑ leje en badekåbe ['lɑijə eːn 'badəkoubə]
S70	☑ die Sauna benutzen	☑ benytte saunaen ['bənütə 'saunäen]
S71	☑ in die Therme gehen	☑ gå i spa-anlæget [gou i 'spaːanlägət]

FREIZEITAKTIVITÄTEN

Ich hätte gern ⍰	Jeg ville gerne have ⍰ [jai̯ ˈwilə ˈgernə ha]
S72 ☑ ein Gesichtspeeling	☑ en ansigtspeeling [eːn ˈansigtspiːliŋ]
S73 ☑ ein Körperpeeling	☑ en kropspeeling [eːn ˈkrɔpspiːliŋ]
S74 ☑ eine Maniküre	☑ en manicure [eːn maniˈkürə]
S75 ☑ eine Pediküre	☑ en pedicure [eːn pediˈkürə]
Bieten Sie ⍰ an?	Tilbyder man ⍰? [ˈtilbüðər man]
S76 ☑ Ayurveda-Anwendungen	☑ ajurveda-behandlinger [ajurˈwäda bəˈhanliŋər]
S77 ☑ Anwendungen mit Naturkosmetik	☑ behandlinger med naturkosmetik [bəˈhanliŋər með naˈtur kɔsməˈtik]
Ich würde gern ⍰ teilnehmen.	Jeg ville gerne tage del ⍰. [jai̯ ˈwilə ˈgernə ta deːl]
S78 ☑ am Gymnastikunterricht	☑ i gymnastikundervisning [i gümnasˈtikunərwisniŋ]
S79 ☑ am autogenen Training	☑ i autogenisk træning [i au̯toˈgänisk ˈträniŋ]
S80 ☑ am Yogaunterricht	☑ i yogaundervisningen [i ˈjoga ˈunərwisniŋən]
S81 ☑ am Pilatesunterricht	☑ i pilatesundervisningen [i piˈlätəsunərwisniŋən]
S82 ☑ an der Meditation	☑ i meditationen [i meditasiˈonən]

Museen und Ausstellungen
Museer og udstillinger

Weltberühmt ist das Kunstmuseum Louisiana nördlich von Kopenhagen, das eine atemberaubende Aussicht über den Öresund bietet. Neben einer großen Stammsammlung von bekannten Künstlern wie Picasso, Warhol und dem dänischen Maler Per Kirkeby, werden ständig neue Ausstellungen ausgerichtet.

FREIZEITAKTIVITÄTEN

T01	Ich möchte mir diese Ausstellung ansehen.	Jeg ville godt se denne udstilling. [jai 'wilə gɔt se: 'denə 'uðstiling]
	Wir gehen ⬜.	Vi går ⬜. [wi gou̯r]
T02	☑ ins Museum	☑ på museet [pou̯ mu'sæət]
T03	☑ in die Galerie	☑ på galleriet [pou̯ galə'riət]
T04	☑ in den Zoo	☑ i zoologisk have [i soo'logisk 'häwə]
T05	Muss man für die Sonderausstellung Eintritt bezahlen?	Må man betale entré for særudstillingen? [mou̯ man bə'tälə ang'trä for 'säruðstilingən]

Eintritt frei

Für Kinder und Jugendliche bis 18 Jahren ist der Eintritt zu den dänischen Museen, die dem Kulturministerium gehören, frei. Erwachsene haben freien Eintritt zum Nationalmuseum (Nationalmuseet [nasio'nälmusæət]) und dem Staatlichen Museum für Kunst (Statens Museum for Kunst ['stätəns mu'sæum for kunst]) in Kopenhagen. Auch andere Museen kann man an bestimmen Tagen gratis besuchen.

T06	Verkaufen Sie zu dieser Ausstellung einen Katalog?	Sælger man en katalog til denne udstilling? ['seljər man e:n kata'lo til 'denə 'uðstiling]
T07	Ich möchte einen Ausstellungskatalog kaufen.	Jeg vil godt købe en udstillingskatalog. [jai̯ wil gɔt 'köbə e:n 'uðstilingskatalo]
	Ich interessiere mich für ⬜.	Jeg interesserer mig for ⬜. [jai̯ intərə'serer mai̯ for]
T08	☑ Gemälde	☑ malerier [mälə'riər]

FREIZEITAKTIVITÄTEN

T09	☑ Skulpturen	☑ skulpturer [skulpˈturər]
T10	☑ Geschichte	☑ historie [hisˈtoriə]
T11	☑ naturwissenschaftliche Ausstellungen	☑ naturvidenskabelige udstillinger [naˈtur ˈwiðənskäbəliə ˈuðstilinɡər]
T12	☑ Technik	☑ teknik [ˈteknik]

Bauernhöfe der Vergangenheit

Als traditionelles Agrarland legt Dänemark Wert darauf, seine bäuerliche Geschichte zu pflegen. Die verschiedenen Museumsbauernhöfe, wie das Freilichtmuseum in Lyngby (nördlich von Kopenhagen), sind beliebte Attraktionen. Die Altstadt (Den Gamle By [dən ˈɡamlə bü]) von Aarhus, der größten Stadt Jütlands, bietet neben alten Bauernhöfen aus längst vergangenen Zeiten auch einen historischen Einblick in das Leben der Städter.

Nachtleben
Natteliv

T13	Wir möchten tanzen gehen.	Vi vil godt gå ud at danse. [wi wil ɡɔt ɡou uð at ˈdansə]
T14	Welche Musik läuft in diesem Club?	Hvad slags musik spiller de i denne klub? [wað slaks muˈsik ˈspilər di i ˈdenə klub]
T15	Was für Leute gehen dorthin?	Hvad slags folk går derhen? [wað slaks folk ɡour derˈhen]
T16	Was zieht man da an?	Hvad tager man på til det? [wað tar man pou til dä]
T17	Wann macht der Club auf?	Hvornår åbner klubben? [worˈnour ˈoubnər ˈklubən]

FREIZEITAKTIVITÄTEN

T18	Hier ist nichts los.	Her foregår der ikke noget. [her ˈforgoұr der ˈikə ˈnouət]
T19	Können wir woanders hingehen?	Kan vi gå et andet sted hen? [kan wi goұ et ˈanət steð hen]
T20	Lass uns einen trinken gehen!	Lad os gå ud at drikke! [lað ɔs goұ uð at ˈdrikə]
T21	Kennen Sie/Kennst du eine nette Kneipe?	Kender du et rart værtshus? [ˈkenər du et rart ˈwärtshus]
T22	Hier gefällt's mir.	Her er det godt. [her er dä gɔt]

Eine Stadt mit vielen Gesichtern

Roskilde, eine der ältesten Städte Dänemarks, liegt nicht weit von Kopenhagen auf der Hauptinsel Seeland. Sie bietet dem Besucher ganz unterschiedliche Erlebnisse. Neben dem Dom aus dem 12. Jahrhundert, wo die dänischen Könige ihre Grabstätte finden, gibt es ein Museum mit Wikinger Langschiffen, die im Roskilder Fjord gefunden wurden. Im Sommer geht es mit dem jährlichen Jazz- und Rockfestival etwas lebhafter zu.

Kino, Theater, Konzert
Biograf, teater, koncert

T23	Ich würde gern ins Theater gehen.	Jeg ville gerne gå i teatret. [jai ˈwilə ˈgernə goұ i teˈätrət]
T24	Lass uns ins Kino gehen.	Lad os gå i biografen. [lað ɔs goұ i bioˈgraːfən]
T25	Was läuft gerade?	Hvad går der lige nu? [wað goұr der ˈliə nu]
	Ich möchte  sehen.	Jeg ville godt se . [jai ˈwilə gɔt seː]

FREIZEITAKTIVITÄTEN

Das königliche Theater

T26	☑ einen Abenteuerfilm	☑ en eventyrfilm [eːn ˈewəntürfilm]
T27	☑ einen Horrorfilm	☑ en horrorfilm [eːn ˈhororfilm]
T28	☑ eine Komödie	☑ en komedie [eːn kɔˈmeðiə]
T29	☑ eine Liebesgeschichte	☑ en kærlighedshistorie [eːn ˈkärliheðs hisˈtoriə]
T30	☑ einen Science-Fiction-Film	☑ en science-fiction-film [eːn ˈsai̯əns ˈfikʃən film]
T31	☑ einen Trickfilm	☑ en tegnefilm [eːn ˈtai̯nəfilm]
T32	☑ etwas Lustiges	☑ noget morsomt [ˈnou̯ət ˈmorsɔmt]
T33	☑ etwas Ernstes	☑ noget alvorligt [ˈnou̯ət alˈworlit]
	Wann fängt ⍰ an?	Hvornår begynder ⍰? [worˈnou̯r bəˈgünər]

🔊 FREIZEITAKTIVITÄTEN

T34	☑ der Film	☑ filmen [ˈfilmən]
T35	☑ das Stück	☑ stykket [ˈstükət]
T36	☑ das Konzert	☑ koncerten [kɔnˈsertən]

Den/Det begynder klokken … [dən/dä bəˈgünər ˈklɔkən]	Er/Es fängt um … Uhr an.

T37	Wann ist *er/es* zu Ende?	Hvornår er *den/det* forbi? [worˈnou̯r er dən/dä forˈbi]
T38	Wir könnten in die Oper gehen.	Vi kunne gå i operaen. [wi ˈkunə gou̯ i ˈopəraan]

Eine Oper am Hafen

Die Stiftung A. P. Møller (nach dem Gründer der riesigen Reederei Mærsk genannt) machte den Dänen im Jahr 2004 ein großzügiges Geschenk. Sie finanzierte die Oper (Operaen [ˈopəraan]) auf der Insel Holmen. Das Opernhaus bietet eine beeindruckende Aussicht auf den Kopenhagener Hafen und sogar einen Einblick in die königliche Residenzanlage Amalienborg. Gönnen Sie sich eine Fahrt zur Oper in einem der vielen Kanallinienboote.

T39	Wir könnten zum Konzert gehen.	Vi kunne gå til koncerten. [wi ˈkunə gou̯ til kɔnˈsertən]
	Gibt es noch Karten für ??	Er der stadig væk billetter til ??? [er der ˈstädi wek biˈletər til]
T40	☑ die Abendvorstellung	☑ aftenforestillingen [ˈaftənforstilingən]
T41	☑ die Matinée	☑ matinéen [matiˈnään]

FREIZEITAKTIVITÄTEN

	Wie viel kosten Plätze ⃞?	Hvor meget koster pladserne ⃞? [wor 'majət 'kɔstər 'plasərnə]
T42	☑ in den vorderen Reihen	☑ i de forreste rækker [i di 'forəstə 'rekər]
T43	☑ in der Loge	☑ i logen [i 'loːschən]
T44	☑ in der Mitte	☑ i midten [i 'mitən]
T45	☑ im Parkett	☑ i parkettet [i par'ketət]
T46	☑ im ersten Rang	☑ på den første balkon [pou dən 'förstə bal'kɔŋ]
T47	Gibt es auch Stehplätze?	Er der også ståpladser? [er der 'ɔsə 'stouplasər]
T48	Ich hätte gern ein Programm.	Jeg ville gerne have et program. [jai 'wilə 'gernə ha et pro'gram]

Lieben Sie Klassik?

Für Liebhaber der leichten klassischen Musik ist die Konzerthalle im Tivoli zu empfehlen. Der Tivolipark im Zentrum Kopenhagens neben dem Hauptbahnhof ist eine der ältesten Vergnügungsparks der Welt und lockt jährlich eine Vielzahl von Touristen an. Auch die gemächlichen Fahrgeschäfte strahlen einen altehrwürdigen Charme aus. Gleich daneben liegt das königliche Theater, das seit 250 Jahren Konzerte und Schauspiele bietet.

Nødstilfælde
Notfälle

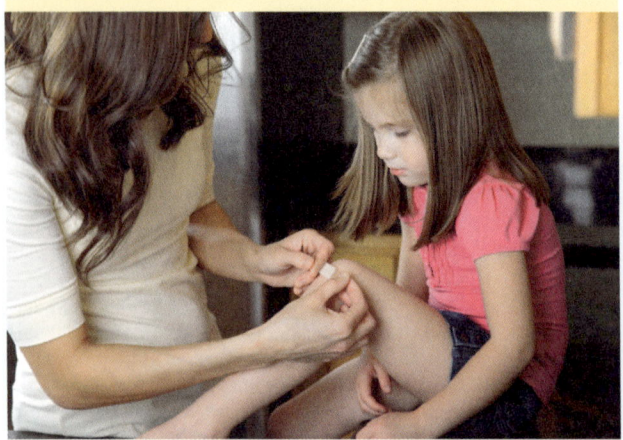

NOTFÄLLE

Notruf
Nødopkald

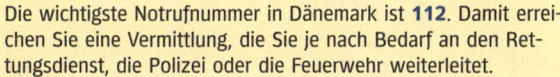

Die wichtigste Notrufnummer in Dänemark ist **112**. Damit erreichen Sie eine Vermittlung, die Sie je nach Bedarf an den Rettungsdienst, die Polizei oder die Feuerwehr weiterleitet.

U01	Verbinden Sie mich mit dem Rettungsdienst!	Forbind mig med redningsvæsenet! [for'bin mai með 'reðningswäsnət]
U02	Die Polizei, bitte!	Politiet, tak! [pɔli'tiət tak]
U03	Die Feuerwehr, bitte!	Brandvæsenet, tak! ['branwäsnət tak]
U04	Kommen Sie schnell zu …!	Kom hurtigt til …! [kɔm 'hurtit til]
U05	Es hat einen Unfall gegeben.	Der er sket en ulykke. [der er ske:t e:n 'ulükə]
U06	Es hat eine Schlägerei gegeben.	Der har været et slagsmål. [der har 'wärət et 'slausmoul]
U07	Es brennt!	Brand! [bran]
U08	Hilfe!	Hjælp! [jelp]

Auf der Polizeiwache
På politistationen

	Ich möchte ⸺.	Jeg ville godt ⸺. [jai 'wilə gɔt]
U09	☒ jemanden anzeigen	☒ angive nogen ['angiwə 'nouən]
U10	☒ eine Aussage machen	☒ give en erklæring ['giwə e:n er'kläring]
U11	☒ einen Diebstahl melden	☒ melde et tyveri ['melə et tüwə'ri]

141

NOTFÄLLE

U12	☑ eine Schlägerei melden	☑ melde et slagsmål ['melə et 'slaʊsmoul]
U13	☑ eine Vermisstenanzeige machen	☑ melde at nogen er forsvunden ['melə at 'noʊən er for'swunən]
U14	☑ einen Anwalt sprechen	☑ tale med en sagfører ['tälə með e:n 'saʊförər]
U15	☑ einen Telefonanruf tätigen	☑ lave en telefonopringning ['läwə e:n tele'fon 'ɔpringning]
	Mir wurde ☐ gestohlen.	☐ blev stjålet. [bleʊ 'stjoulət]
U16	☑ mein Auto	☑ Min bil [mi:n bi:l]
U17	☑ meine Brieftasche	☑ Min tegnebog [mi:n 'tainəboʊ]
U18	☑ mein Geldbeutel	☑ Min pung [mi:n pung]
U19	☑ mein Handy	☑ Min mobiltelefon [mi:n mo'biltelefon]
U20	☑ meine Handtasche	☑ Min håndtaske [mi:n 'hɔntaskə]
	Ich wurde ☐.	Jeg blev ☐. [jai bleʊ]
U21	☑ ausgeraubt	☑ udplyndret ['uðplünrət]

142

NOTFÄLLE

U22	☑ verprügelt	☑ gennempryglet ['genəmprülət]
U23	☑ vergewaltigt	☑ voldtaget ['vɔltæət]
U24	Es gibt einen Zeugen.	Der er et vidne. [der er et 'wiðnə]
U25	Es gibt keinen Zeugen.	Der er ikke et vidne. [der er 'ikə et 'wiðnə]

Beim Arzt und im Krankenhaus
Hos lægen og på sygehuset

Eine Auslandskrankenversicherung, die auch den Transport in die Heimat mit einschließt, ist auf Reisen immer eine gute Idee. In Dänemark können EU-Bürger im Notfall die Versorgung durch das dänische Gesundheitssystem beanspruchen. Die Vorlage des Personalausweises oder Reisepasses genügt, doch es ist empfehlenswert, sich bei seiner Krankenkasse die europäische Versicherungskarte (EHIC) bzw. eine Ersatzbescheinigung zu besorgen.

🔊 NOTFÄLLE

| V01 | Ich brauche einen Arzt. | Jeg har brug for en læge. [jai har bruˑfor eːn ˈläjə] |

In Dänemark ist im Krankheitsfall der Allgemeinmediziner (praktiserende læge [praktiˈserənə ˈläjə]) der erste Anlaufpunkt. Zugang zu einem Facharzt gibt es in der Regel erst durch Überweisung.

	Wo ist ❓?	Hvor er der ❓? [wor er der]
V02	☑ die nächste Arztpraxis	☑ den nærmeste læges praksis [dən ˈnärməstə ˈläjəs ˈpraksis]
V03	☑ ein Krankenhaus	☑ et sygehus [et ˈsüəhus]
V04	☑ eine Unfallchirurgie	☑ en skadestue [eːn ˈskäðəstuə]
V05	☑ ein Allgemeinmediziner/eine Allgemeinmedizinerin	☑ en praktiserende læge [eːn praktiˈserənə ˈläjə]
V06	☑ ein Augenarzt/eine Augenärztin	☑ en øjenlæge [eːn ɔiənläjə]
V07	☑ ein Hautarzt/eine Hautärztin	☑ en hudlæge [eːn ˈhuðläjə]
V08	Das ist meine Versichertenkarte.	Det er mit forsikringskort. [dä er mit forˈsikriŋskort]
V09	Das ist meine Krankenversicherung.	Det er min sygeforsikring. [dä er miːn ˈsüəforsikriŋ]

Vær så venlig at tage plads i venteværelset. [wär sou ˈwenli at ta plas i ˈwentəwärəlsət]	Bitte nehmen Sie im Wartezimmer Platz.

| V10 | Ich würde lieber mit einer Ärztin sprechen. | Jeg ville hellere tale med en kvindelig læge. [jai ˈwilə ˈhelərə ˈtälə með eːn ˈkwinəli ˈläjə] |
| V11 | Ich hatte einen Unfall. | Jeg havde et ulykkestilfælde. [jai ˈhäðə et ˈulükstilfelə] |

NOTFÄLLE

V12	Ich habe (starke) Schmerzen.	Jeg har (stærke) smerter. [jai har ('stärkə) 'smertər]
	Es ist ein ☑ Schmerz.	Det er en ☑ smerte. [dä er eːn 'smertə]
V13	☑ andauernder	☑ vedvarende ['wəðwarənə]
V14	☑ wiederholt auftretender	☑ tilbagevendende [til'bäəwenənə]
V15	☑ brennender	☑ brændende ['brenənə]
V16	☑ dumpfer	☑ trykkende ['trükənə]
V17	☑ stechender	☑ stikkende ['stikənə]

Gør det ondt? [gör dä ɔnt]	Tut das weh?

V18	Hier tut es weh.	Her gør det ondt. [her gör dä ɔnt]
V19	Das tut weh!	Det gør ondt! [dä gör ɔnt]
	Ich habe mir ☑ gebrochen.	Jeg har brækket ☑. [jai har 'brekət]
V20	☑ den *linken/rechten* Arm	☑ den *venstre/højre* arm [dən 'wenstrə/'hoirə arm]
V21	☑ eine Rippe	☑ et ribben [et ri beːn]
V22	☑ das Schlüsselbein	☑ nøglebenet ['nɔilebeːnət]
V23	☑ die Schulter	☑ skulderen ['skulərən]
V24	☑ das Bein	☑ benet ['beːnət]
V25	☑ den Fuß	☑ foden ['foðən]
V26	☑ den Zeh	☑ tåen ['toūən]
	Ich habe mir ☑ verstaucht.	Jeg har forstuvet ☑. [jai har for'stuət]
V27	☑ die Hand	☑ hånden ['hɔnən]
V28	☑ den Finger	☑ fingeren ['fingərən]
V29	☑ den Daumen	☑ tommelfingeren ['tɔməlfingərən]
V30	☑ das Handgelenk	☑ håndledet ['hɔnläðət]

🔊 NOTFÄLLE

V31	Ich möchte, dass das geröntgt wird.	Jeg ville godt have det røntgenfotograferet. [jaɪ 'wilə gɔt ha dä 'röntgən fotogra'ferət]

Er du gravid? [er du gra'wið]	Sind Sie schwanger?

V32	Ich fühle mich schwach.	Jeg føler mig utilpas. [jaɪ 'fölər maɪ 'utilpas]
V33	Mir ist schwindelig.	Jeg er svimmel. [jaɪ er 'swiməl]
V34	Mir ist übel.	Jeg har kvalme. [jaɪ har 'kwalmə]
V35	Ich musste mich übergeben.	Jeg måtte kaste op. [jaɪ 'mɔtə 'kastə ɔp]
V36	Ich war ohnmächtig.	Jeg var besvimet. [jaɪ war bə'swi:mət]
V37	Mein Bauch tut weh.	Det gør ondt i min mave. [dä gör ɔnt i min 'mäwə]
V38	Ich habe Rückenschmerzen.	Jeg har smerter i ryggen. [jaɪ har 'smertər i 'rügən]
V39	Ich habe Kopfschmerzen.	Jeg har hovedpine. [jaɪ har 'howəðpi:nə]
V40	*Er/Sie* hat Fieber.	*Han/Hun* har feber. [han/hun har 'fe:bər]
	Können Sie mir ☐ *geben/verschreiben*?	Kan du *give mig/ordinere* ☐? [kan du gi maɪ/ordi'nerə]
V41	☑ Antibiotika	☑ antibiotika [antibi'otika]
V42	☑ etwas gegen ...	☑ noget imod ... ['nou̯ət i'moð]
V43	☑ Schmerzmittel	☑ smertestillende middel ['smertəstilənə 'miðəl]
V44	Ich habe Angst vor Spritzen.	Jeg er bange for indsprøjtninger. [jaɪ er 'baŋgə fɔr 'insprɔi̯tniŋər]
V45	Ich möchte eine ungebrauchte Spritze.	Jeg ville godt have en ubrugt sprøjte. [jaɪ 'wilə gɔt ha e:n 'ubrugt 'sprɔi̯tə]
V46	Bitte waschen Sie sich die Hände.	Vil du godt vaske dine hænder. [wil du gɔt 'waskə 'dinə 'henər]

V47 Ich bin Diabetiker/Diabetikerin.	Jeg er diabetiker. [jai er dia'be:tikər]
V48 Ich bin Epileptiker/Epileptikerin.	Jeg er epileptiker. [jai er epi'leptikər]
V49 *Er/Sie* braucht dringend Medikamente.	*Han/Hun* har hårdt brug for medikamenter. [han/hun har hourt bru for medika'mentər]
V50 *Er/Sie* braucht dringend Insulin.	*Han/Hun* har hårdt brug for insulin. [han/hun har hourt bru for insu'li:n]

Tager du nogen som helst medikamenter? [tar du 'nouən sɔm helst medika'mentər]	Nehmen Sie/Nimmst du irgendwelche Medikamente ein?

V51 Ja, ich nehme ...	Ja, jeg tager ... [ja jai tar]

Har du nogen som helst allergier? [har du 'nouən sɔm helst alər'giər]	Haben Sie/Hast du irgendwelche Allergien?

Ich bin allergisch gegen ▢.	Jeg er allergisk imod ▢. [jai er a'lergisk i'moð]
V52 ▢ Insektenstiche	▢ insektstik [in'sektstik]
V53 ▢ Penizillin	▢ penicillin [penisi'li:n]
Ich habe ▢.	Jeg har ▢. [jai har]
V54 ▢ Asthma	▢ astma ['astma]
V55 ▢ Atembeschwerden	▢ åndedrætsbesværligheder ['ɔnədretsbəswerliheðər]
V56 ▢ Durchfall	▢ diarré [dia're:]
V57 ▢ eine Entzündung	▢ en betændelse [e:n bə'tenəlsə]
V58 ▢ eine Erkältung	▢ en forkølelse [e:n for'køləlsə]
V59 ▢ Grippe	▢ influenza [influ'ensa]

NOTFÄLLE

V60	☑ einen *schmerzhaften/brennenden* Hautausschlag	☑ et *smertefuldt/brændende* hududslæt [et 'smertəfult/'brenənə 'huðuðslet]
V61	☑ Heuschnupfen	☑ høfeber ['höfe:bər]
V62	☑ Husten	☑ hoste ['hostə]
V63	☑ einen (tiefen) Schnitt	☑ et (dybt) skår [et (dübt) sko̱ur]
V64	☑ einen Sonnenbrand	☑ en solskoldning [e:n 'solskɔlning]
V65	☑ eine Verbrennung	☑ en forbrænding [e:n for'brening]
V66	☑ eine Wunde	☑ et sår [et so̱ur]
V67	Ich habe mich verbrannt.	Jeg har brændt mig. [ja̱i har brent ma̱i]
V68	Vielleicht habe ich einen Sonnenstich.	Måske har jeg fået et solstik. [mo̱u'ske har ja̱i 'foṷət et 'solstik]
V69	Ich bin erkältet.	Jeg er forkølet. [ja̱i er for'kölət]
V70	Ich wurde von *einem Hund/einer Kreuzotter* gebissen.	Jeg er blevet bidt af *en hund/en hugorm*. [ja̱i er 'ble:wət bit a e:n hun/e:n 'hɔgorm]
V71	Ich habe eine *Pilz-/Fisch-/Austern*vergiftung.	Jeg er blevet forgiftet af *svampe/fisk/østers*. [ja̱i er 'ble:wət for'giftət a 'swampə/fisk/'östərs]

Jeg må overføre dig til et sygehus. [ja̱i mo̱u 'oərförə da̱i til et 'süəhus]	Ich muss Sie/dich ins Krankenhaus einweisen.
Du må blive opereret. [du mo̱u 'bli ɔpə'rerət]	Sie müssen/Du musst operiert werden.

V72	Wann werde ich operiert?	Hvornår bliver jeg opereret? [wor'nɔur 'bliər ja̱i ɔpə'rerət]

Hvilken blodgruppe har du? ['wilkən 'bloðgrupə har du]	Welche Blutgruppe haben Sie?

NOTFÄLLE

V73	Meine Blutgruppe ist A/B/AB/0 positiv.	Min blodgruppe er A/B/AB/0 positiv. [min 'bloðgrupə er Ä/Be:/ÄBe:/nul 'pɔsitiu]
V74	Meine Blutgruppe ist A/B/AB/0 negativ.	Min blodgruppe er A/B/AB/0 negativ. [min 'bloðgrupə er Ä/Be:/ÄBe:/nul 'negatiu]
V75	Ich will keine Bluttransfusion.	Jeg vil ikke have en blodtransfusion. [jai wil 'ikə ha e:n 'bloðtransfusion]
	Ich bin (nicht) gegen ⍰ geimpft.	Jeg er (ikke) vaccineret imod ⍰. [jai er ('ikə) waksi'nerət i'moð]
V76	⍰ Tetanus	⍰ stivkrampe ['stiwkrampə]
V77	⍰ Polio	⍰ børnelammelse ['börnəlaməlsə]
V78	⍰ Tollwut	⍰ hundegalskab ['hunəgalskäb]
V79	Wann darf ich aufstehen?	Hvornår må jeg stå op? [wor'nou̯r mou jai stou̯ ɔp]
V80	Schwester, ich brauche Hilfe!	Sygeplejerske, jeg har brug for hjælp! ['süəplaiərskə jai har bru for jelp]
V81	Wann werde ich entlassen?	Hvornår bliver jeg udskrevet? [wor'nou̯r 'bliər jai 'uðskre:wət]

Beim Zahnarzt
Hos tandlægen

W01	Kennen Sie einen guten Zahnarzt/eine gute Zahnärztin?	Kender du en god tandlæge? ['kenər du e:n goð 'tanläjə]
W02	Ich habe Zahnschmerzen.	Jeg har tandpine. [jai har 'tanpi:nə]
W03	Das Zahnfleisch ist entzündet.	Tandkødet er betændt. ['tanköðət er bə'tent]
W04	Mir ist eine Füllung herausgefallen.	Jeg har mistet en plombe. [jai har 'mistət e:n 'plɔmbə]
W05	Mir ist ein Stück vom Zahn abgebrochen.	Et stykke af min tand er brækket af. [et 'stükə a mi:n tan er 'brekət ä]

🔊 NOTFÄLLE

W06 Mir ist ein Stück von der Krone abgebrochen.	Et stykke af kronen er brækket af. [et 'stükə a 'kronən er 'brekət ä]
W07 Könnten Sie das provisorisch behandeln?	Kunne du lave den provisorisk? ['kunə du 'läwə dən prɔwi'sorisk]
W08 Ich möchte eine (lokale) Betäubung.	Jeg ville godt have en (lokal) bedøvelse. [jai 'wilə gɔt ha e:n (lo'käl) bə'döwəlsə]

Lidt grammatik
Ein wenig Grammatik

Das Alphabet und Besonderheiten der Aussprache

DAS ALPHABET

Das dänische Alphabet hat 29 Buchstaben, zusätzlich zum deutschen noch **æ, ø, å**, die am Ende des Alphabets stehen. **C, q, w, x** und **z** kommen nur in Fremdwörtern und Eigennamen vor, **ß** und die Umlaute **ä, ö, ü** sind nicht gebräuchlich.

DIE BESONDERHEITEN DER AUSSPRACHE

Die dänische Aussprache weicht häufig vom Schriftbild ab: Viele Buchstaben werden verschluckt und zusammengezogen. Schwierig ist die Aussprache der Vokale: Ein Buchstabe kann unterschiedlich ausgesprochen werden oder gleiche Laute können durch verschiedene Buchstaben widergegeben werden. Die feinen Unterschiede sind anfangs kaum hörbar.

Die folgende Liste umfasst nur die wichtigsten Vokalunterschiede und die Aussprachehinweise gelten grundsätzlich nur als Faustregeln:

Vokale (Selbstlaute)

a	langes a, ungefähr wie ä in *Käse*	tale, have, ja
a	kurzes a, vor und nach r, sowie vor k, m und ng wie a in *Hans*	tak, har, Randers

Ein wenig Grammatik

e	langes e, fast immer wie ee in *Beet*	se, det, sent
e	kurzes e, meist wie e in *Bett*	fem, heller, den, hen
i	langes i, fast immer wie ie in *Mief*	spise, vi, ti
i	kurzes i, oft vor Doppelkonsonanten; vor n, m, k wie kurzes e in *Hase*	ikke, til, lidt
o	langes o, immer wie o in *Ofen*	Bo, to, god
o	kurzes o, fast immer wie o in *hoffen*	godt, slot, kommer
o	vor r noch offener	hvor, bror
u	langes u, immer wie u in *Ufer*	du, uge, nu
u	kurzes u, vor n und m und oft vor f, g und k wie u in *unter*	nul, nummer, smuk
y	langes y, wie ü in *über*	ryge, tyve
y	kurzes y, vor Doppelkonsonanten wie ö in *Ökonomie*	stykke, sytten
y	nach r ungefähr wie ö in *Köpfe*	bryst, ryg
æ	wie ä in *ähnlich* oder *Bett* (vgl. kurzes e)	læse, æble, bælte
ø	langes ø, wie ö in *Löwe*	købe, sø

ø	kurzes ø, vor m und manchmal vor n wie ö in *Köpfe* (vgl. y nach r)	søn, svømme
ø	vor r immer wie ö in *nördlich*	gør, lørdag
å	langes å, immer wie o zwischen **Ofen** und *hoffen*	må, på, måde
å	kurzes å, fast immer wie o in *hoffen* (vgl. kurzes o)	hånd, så (dann)
å	vor r immer wie går	står

Die Konsonanten **b, f, h, j, k, l, m, n, ng, p** und **t** wie im Deutschen, Ausnahmen:

h ist in hj und hv stumm	hjemme, hvad
f wird in der Vorsilbe af- wie au gesprochen	afgang, afgå
die Doppelkonsonanten kk, pp und tt werden weicher gesprochen als im Deutschen	

d	am Wort- und Silbenanfang wie im Deutschen	den
d	nach l, n und r stumm	undskyld
d	nach Vokalen ähnlich wie das englische th (weiches d, klingt für Deutschsprachige anfangs wie l)	ledig, hedder

EIN WENIG GRAMMATIK

g	am Wort- und Silbenanfang und als Doppelkonsonant wie im Deutschen	god, kigge
g	nach i, e, æ, a (wie in tale), y und ø wie j *Junge* oder stumm	sige, besøg
g	nach o, u, a (wie in har) und å wie u oder stumm	uge, bog
r	wird nicht gerollt, im In- und Auslaut oft sehr abgeschwächt	mor, kommer, får
s	stimmlos wie in *Wasser*	selv, Sønderborg
v	am Wort- und Silbenanfang wie w in *Wasser*	vi, værsgo
v	stumm in lv-Verbindungen	selv, halv
v	u nach Vokalen wie z.B. in *Auto*	København, navn

Stoßton

Ein Charakteristikum der dänischen Sprache ist der Stoßton (stimmloser Kehlkopfverschlusslaut), wie im Deutschen *Eu*le, *i*mmer. Silben mit Stoßton sind betont, lang und stimmhaft. Der Stoßton wird allerdings je nach Generation oder regional sehr uneinheitlich benutzt, in Teilen Süddänemarks hört man ihn überhaupt nicht.

Betonung

Die Betonung liegt fast immer auf der ersten Silbe, Ausnahme: Lehn- und Fremdwörter.

EIN WENIG GRAMMATIK

Nomen (Hauptwörter)

GENUS (GRAMMATISCHES GESCHLECHT)

Es gibt nur zwei Geschlechter:

Utrum (gemeinsame Form für männliches und weibliches Geschlecht) ca. 75 % der Nomen

Neutrum (sächliches Geschlecht) ca. 25 % der Nomen

ARTIKEL (BEGLEITER)

Den Geschlechtern entsprechend gibt es zwei unbestimmte Artikel:

en für Utrum = en-Wörter	en stol (ein Stuhl)
et für Neutrum = et-Wörter	et navn (ein Name)

Die bestimmten Artikel den, det und de werden nur bei vorangestellten Adjektiven verwendet:

den für Utrum	den Lille Havfrue (die kleine Meerjungfrau)
det für Neutrum	det Kongelige Teater (das Königliche Theater)
de für Plural	de store slotte (die großen Schlösser)

UNBESTIMMTE UND BESTIMMTE FORM

Singular (Einzahl): 1. unbestimmte Form: vorangestellter unbestimmter Artikel (en, et) 2. bestimmte Form: angehängter unbestimmter Artikel (-en, -et)

Singular	unbestimmt	bestimmt
Utrum (en)	**en** stol (ein Stuhl)	stol**en** (der Stuhl)
	en nøgle (ein Schlüssel)	nøgl**en*** (der Schlüssel)
	en havfrue (eine Meerjungfrau)	havfru**en*** (die Meerjungfrau)

Ein wenig Grammatik

Neutrum (et)	et navn (ein Name)	navnet (der Name)
	et værelse (ein Zimmer)	værelset* (das Zimmer)
	et slot (ein Schloss)	slottet** (das Schloss)

Sonderformen:

* Enden die Substantive schon in der Grundform auf **-e**, wird nur **-n** bzw. **-t** angehängt. ** Konsonanten nach kurzem Vokal werden beim Zufügen von Endungen verdoppelt.

Plural (Mehrzahl)

Man unterscheidet nicht nach Utrum oder Neutrum.

Unbestimmte Pluralform: Grundform + Endungen **-er** oder **-e** oder ohne zusätzliche Endung

Bestimmte Pluralform: unbestimmte Pluralform + Endung **-(e)ne**. Bei wenigen unregelmäßigen Pluralformen gibt es einen Vokalwechsel.

	Singular unbestimmt	Plural unbestimmt	Plural bestimmt
-er	en avis (eine Zeitung)	to aviser (zwei Zeitungen)	aviserne (die Zeitungen)
	en krone (eine Krone)	to kroner (zwei Kronen)	kronerne (die Kronen)
	et stykke (ein Stück)	to stykker (zwei Stücke)	stykkerne (die Stücke)
-e	en stol (ein Stuhl)	to stole (zwei Stühle)	stolene (die Stühle)
	et navn (ein Name)	to navne (zwei Namen)	navnene (die Namen)

ohne Endung	en øl (ein Bier)	to øl (zwei Biere)	øll**ene** (die Biere)
	et spor (ein Gleis)	to spor (zwei Gleise)	spor**ene** (die Gleise)
unregelmäßig	en mand (ein Mann)	to mænd (zwei Männer)	mænd**ene** (die Männer
	en bror (ein Bruder)	to brødre (zwei Brüder)	brødr**ene** (die Brüder)
	et barn (ein Kind)	to børn (zwei Kinder)	børn**ene** (die Kinder)
	en datter (eine Tochter)	to døtre (zwei Töchter)	døtr**ene** (die Töchter)

Kasus (Fälle)

Genitiv (Wessenfall)

Im Laufe der Zeit sind die meisten Kasusbeugungen verschwunden. Bei den Nomen ist lediglich der Genitiv erhalten. Wie im Deutschen wird **-s** angehängt: Adam**s** Æbler (Adams Äpfel).

Komposita (zusammengesetzte Nomen)

(-)	**en** sommer	+ **et** hus	= **et** sommer-hus (ein Ferienhaus)
(-s-)	**et** land	+ **et** hold	= **et** landshold (eine Nationalmannschaft)
(-e-)	**en** viking	+ **et** træf	= **et** vikingetræf (ein Wikingertreffen)

EIN WENIG GRAMMATIK

Pronomen (Fürwörter)

PERSONALPRONOMEN (PERSÖNLICHE FÜRWÖRTER)

Es gibt zwei Formen: 1. Subjektform für den Nominativ, 2. Objektform für Dativ, Akkusativ und nach Präpositionen.

	Subjekt	Objekt
Singular		
1. ich	jeg	mig
2. du/Sie	du/De	dig/Dem
3. er, sie, es Personen/Gegenstände, Sachen	han, hun/den, det	ham, hende/den, det
Plural		
1. wir	vi	os
2. ihr/Sie	I/De	jer/Dem
3. sie	de	dem

REFLEXIVPRONOMEN (RÜCKBEZÜGLICHE FÜRWÖRTER)

Singular	
jeg glæder **mig**	ich freue mich
du glæder **dig**, De glæder **Dem**	du freust dich, Sie freuen sich
Personen: han/hun glæder **sig**, Sachen: den/det glæder **sig**	er, sie, es freut sich
Plural	
vi glæder **os**	wir freuen uns
I glæder **jer**, De glæder **Dem**	ihr freut euch, Sie freuen sich
de glæder **sig**	sie freuen sich

Possessivpronomen (besitzanzeigende Fürwörter)

In der 3. Person Singular unterscheidet man zwischen reflexiv und nicht reflexiv: Bezieht sich das Pronomen auf das Subjekt desselben Satzes, stehen die reflexiven Formen sin/sit/sine.

Singular	
min, mit, mine	mein, meine, mein
din, dit, dine; Deres	dein, deine, dein; Ihr, Ihre, Ihr
Personen: hans, hendes; Sachen: dens, dets	sein, seine, sein
reflexiv, Personen und Sachen: sin, sit, sine	sein, seine, sein
Plural	
vores	unser, unsere, unser
jeres; Deres	euer, eure, euer; Ihr, Ihre, Ihr
deres	ihr, ihres, ihre

Demonstrativpronomen (hinweisende Fürwörter)

In der Alltagssprache verwendet man häufig die Personalpronomen den/det/de + her (hier) oder der (dort).

en-Wörter	Er **den her** stol ledig? (Ist dieser Stuhl frei?)
et-Wörter	Tag **det her** jakkesæt! (Nimm diesen Anzug!)
Plural	Hvad synes du om **de her** sko? (Wie findest du diese Schuhe?)

Interrogativpronomen (Fragefürwörter)

Substantivisch

Personen	hvem? (wer?)
Gegenstände	hvad? (was?)

EIN WENIG GRAMMATIK

Adjektivisch

	mündlich	Schriftsprache
en-Wörter	Hvad for en by … ? (Welche Stadt … ?)	hvilken?
et-Wörter	Hvad for et værelse … ? (Welches Zimmer … ?)	hvilket?
Plural	Hvad for nogen sko … ? (Welche Schuhe … ?)	hvilke?

Relativpronomen (bezügliche Fürwörter)

Relativpronomen als **Subjekt** des Relativsatzes	der oder som: Det er hende, **der/som** elskede at bade. (Das ist die, die zu baden liebte.)
Relativpronomen als **Objekt** des Relativsatzes	nur som (kann auch ausgelassen werden): Det er ham, **(som)** Preben altid sejlede med. (Das ist der, mit dem Preben immer segelte.)

Adjektive (Eigenschaftswörter)

Adjektive stehen entweder prädikativ oder attributiv bei einem Nomen. Es gibt drei Formen: Grundform, **t**-Form und **e**-Form. Bei unbestimmten Nomen richtet sich die Adjektivendung nach Geschlecht und Zahl des Nomens.

en-Wörter	Grundform
et-Wörter	**t**-Form
Plural	**e**-Form

Bei der attributiven Verwendung mit bestimmten Nomen wird unabhängig von Geschlecht und Zahl des Nomens immer die **e**-Form verwendet.

attributiv unbestimmt	attributiv bestimmt	prädikativ
en rød kjole (ein rotes Kleid)	den/hendes røde kjole (das/ihr rotes Kleid)	Filmen er god. (Der Film ist gut.)
et rødt bælte (ein roter Gürtel)	det/Prebens røde bælte (der/Prebens roter Gürtel)	Slottet er smukt. (Das Schloss ist schön.)
to røde kjoler (zwei rote Kleider)	de/Mettes røde kjoler (die/Mettes rote Kleider)	Billederne er dårlige. (Die Bilder sind schlecht.)

ADVERBIEN (UMSTANDSWÖRTER)

Viele Adverbien werden von Adjektiven abgeleitet: Grundform + -t.

Adjektiv: god/fin	Adverb: godt/fint
Det smager godt. (Es schmeckt gut.)	Det går fint. (Es geht prima.)

STEIGERUNG VON ADJEKTIVEN UND ADVERBIEN

Den Komparativ bildet man aus der Grundform + -ere.

Den Superlativ bildet man aus der Grundform + -(e)st.

Mehrsilbige Adjektive und Fremdwörter: Komparativ: **mere** + Grundform, Superlativ: **mest** + Grundform.

	Grundform	**Komparativ** -ere	**Superlativ** -(e)st
lustig	sjov	sjov**ere**	sjov**est**
schön	smuk	smuk**kere**	smuk**kest**
gemütlich	hyggelig	hyggelig**ere**	hyggelig**st**

EIN WENIG GRAMMATIK

		mere	**mest**
interessant	interessant	**mere** interessant	**mest** interessant
imponierend	imponerende	**mere** imponerende	**mest** imponerende

Ausnahmen: unregelmäßige Steigerung

	Grundform	Komparativ	Superlativ
klein	lille	mindre	mindst
gut	god	bedre	bedst
schlecht	dårlig	værre	værst
alt	gammel	ældre	ældst
lang	lang	længere	længst
viele	mange	flere	flest
viel	meget	mere	mest
wenige	få	færre	færrest
wenig	lidt	mindre	mindst
gern	gerne	hellere	helst

Verben (Tätigkeitswörter)

Regelmäßige Verben I

	Stamm (= Imperativ)	Infinitiv (Stamm + -e)	Präsens (Infinitiv + -r)	Präteritum (Stamm + -ede)	Perfekt (har/er + Stamm + -et)
arbeiten	arbejd	arbejd**e**	arbejder	arbejd**ede**	**har** arbejd**et**
machen	lav	lav**e**	laver	lav**ede**	**har** lav**et**

Regelmäßige Verben II

	Stamm (= Imperativ)	Infinitiv (Stamm + -e)	Präsens (Infinitiv + -r)	Präteritum (Stamm + -te)	Perfekt (har/er + Stamm + -t)
essen	spis	spis**e**	spiser	spis**te**	**har** spist
zeigen	vis	vis**e**	viser	vis**te**	**har** vist

Unregelmäßige Formen

	Stamm (= Imperativ)	Infinitiv (Stamm + -e)	Präsens	Präteritum	Perfekt
sein	vær	være	er	var	**har** været
haben	hav	have	har	havde	**har** haft
kommen	kom	komme	kommer	kom	**er** kommet
gehen	gå	gå*	går	gik	**har/er** gået

* Meist: Infinitiv = Wortstamm + -e.

Es gibt einige Ausnahmen: einsilbige Wörter, die auf einen Vokal enden. Hier gilt: Infinitiv = Wortstamm: se (sehen), gå (gehen), stå (stehen), bo (wohnen), få (bekommen).

Präsens (Gegenwart)

Präsens: Infinitiv + -r. Im Gegensatz zum Deutschen gibt es keine zusätzlichen Personalendungen.

Singular	
jeg hedde**r**	ich heiße
du/De hedde**r**	du heißt/Sie heißen
han/hun hedde**r**	er, sie, es heißt

EIN WENIG GRAMMATIK

Plural	
vi hedder	wir heißen
I/De hedder	ihr heißt/Sie heißen
de hedder	sie heißen

FUTUR (ZUKUNFT)

Es gibt drei Möglichkeiten Zukunft auszudrücken:

Präsens	I morgen går jeg i biografen. (Morgen gehe ich ins Kino.)
skal (Pläne und Verabredungen)	I morgen skal jeg i biografen. (Morgen werde ich ins Kino gehen.)
vil (Wünsche und Absichten)	I morgen vil jeg i biografen. (Morgen will ich ins Kino gehen.)

PRÄTERITUM (VERGANGENHEIT)

Es gibt drei Gruppen: regelmäßige Verben + **-ede** (arbejd**ede** = arbeitete), regelmäßige Verben + **-te** (spis**te** = aß) sowie unregelmäßige Verben: **så** (sah). Auch beim Präteritum gibt es keine Personalformen.

Gebrauch: Bestimmter Zeitpunkt oder Zeitraum in der Vergangenheit, der abgeschlossen ist.

I torsdags arbejdede jeg over.	Letzten Donnerstag machte ich Überstunden.

PERFEKT (VOLLENDETE GEGENWART)

Bildung: Hilfsverben **har** bzw. **er** + Partizip Perfekt. Die Verben der ersten regelmäßigen Gruppe haben die Partizipendung **-et** und die der zweiten regelmäßigen Gruppe die Endung **-t**: **har** arbejd**et** (habe gearbeitet ...), **har** spis**t** (habe gegessen ...), **har** se**t** (habe gesehen ...). Eine Übersicht der wichtigsten unregelmäßigen Verben befindet sich auf S. 165.

Gebrauch: Der Zeitpunkt der Handlung ist nicht definiert; die Handlung dauert bis in die Gegenwart an oder die Handlung ist zwar abgeschlossen, hat aber Bedeutung für die Gegenwart.

Har du nogensinde set en dansk film i biografen?	Hast du jemals einen dänischen Film im Kino gesehen?

IMPERATIV (BEFEHLSFORM)

Imperativ = Wortstamm (ohne Zufügung von Endungen):

Hav det godt!	Machs gut!
Se her!	Sieh hier!

UNREGELMÄSSIGE VERBEN

	Infinitiv	Präsens	Präteritum	Perfekt
bitten	bede	beder	bad	har bedt
werden, bleiben	blive	bliver	blev	er blevet
trinken	drikke	drikker	drak	har drukket
finden	finde	finder	fandt	har fundet
verstehen	forstå	forstår	forstod	har forstået
bekommen	få	får	fik	har fået
geben	give	giver	gav	har givet
tun, machen	gøre	gør	gjorde	har gjort
gehen	gå	går	gik	har/er gået
haben	have	har	havde	har haft
heißen	hedde	hedder	hed	har heddet
helfen	hjælpe	hjælper	hjalp	har hjulpet
kommen	komme	kommer	kom	er kommet
können	kunne	kan	kunne	har kunnet
klingen	lyde	lyder	lød	har lydt

laufen	løbe	løber	løb	har/er løbet
dürfen, müssen	måtte	må	måtte	har måttet
rauchen	ryge	ryger	røg	har røget
sehen	se	ser	så	har set
sitzen	sidde	sidder	sad	har siddet
sagen	sige	siger	sagde	har sagt
sollen, müssen, werden	skulle	skal	skulle	har skullet
schlafen	sove	sover	sov	har sovet
fragen	spørge	spørger	spurgte	har spurgt
stehen	stå	står	stod	har stået
meinen, finden	synes	synes	syntes	har syntes
singen	synge	synger	sang	har sunget
setzen	sætte	sætter	satte	har sat
nehmen, fahren	tage	tager	tog	har/er taget
wissen	vide	ved	vidste	har vidst
wollen	ville	vil	ville	har villet
sein	være	er	var	har været

Syntax (Satzbau)

Im Dänischen sind die meisten Kasusbeugungen verschwunden. So kann man z. B. nicht erkennen, ob ein Nomen im Nominativ, Akkusativ oder Dativ steht. Um trotzdem entscheiden zu können, ob es sich bei Nomen um Subjekt oder Objekt handelt, gibt es eine feste Reihenfolge der Satzglieder in Haupt- und Nebensätzen.

Ein wenig Grammatik

Erläuterung der Felder im Haupt- und Nebensatzschema:

(1): Position 1	Meist Subjekt, ansonsten Satzglieder, die hervorgehoben werden sollen, dann rückt das Subjekt auf Position s (vgl. Inversion).
(v): Position v	Gebeugte Form des Verbs, z. B. im Präsens oder im Präteritum. Bei zusammengesetzten Verben das Hilfs- oder Modalverb (z. B. Perfekt: **hat**... gesagt, oder bei Modalverben: **kann, muss, soll, will, möchte** ... sagen).
(s): Position s	Subjekt, wenn nicht auf Position 1
(a): Position a	Satzadverbien
(V): Position V	Verben im Infinitiv oder Partizip Perfekt (vgl. Position v: z. B. Perfekt: hat ... **gesagt**, oder bei Modalverben: kann/muss/soll/will/möchte ... **sagen**).
(S): Position S	Indirekte und/oder direkte Objekte
(A): Position A	Bestimmungen des Ortes und/oder der Zeit.
(k): Position k	Nur im Nebensatzschema: Position der Nebensatzkonjunktionen.

EIN WENIG GRAMMATIK

HAUPTSATZSCHEMA

Aussagen						
1	v	s	a	V	S	A
Hun	hedder				Lone.	
Sie	heißt				Lone.	
Hun	læser		tit		ein bog	om aftenen.
Sie	liest		oft		ein Buch	abends.
Sandra	har		aldrig	været		i København.
Sandra	ist		nie	gewesen		in Kopenhagen.
Lene	kan		godt	lide	at gå	på café i weekenden.
Lene	kann		gut	leiden	zu gehen	ins Café am Wochenende.

W-Fragen						
1	v	s	a	V	S	A
Hvad	hedder	du?				
Wie	heißt	du?				
Hvad	skal	du		have?		
Was	möchtest	du		haben?		

Ja-Nein-Fragen

1	v	s	a	V	S	A
	Skal	vi	ikke	tage		til Ribe i weekenden?
	Sollen	wir	nicht	fahren		nach Ribe am Wochenende?
	Kan	du	godt	lide		at synge?
	Kannst	du	gut	leiden		zu singen?

Inversion

1	v	s	a	V	S	A
Så	tager	jeg	også			en øl.
Dann	nehme	ich	auch			ein Bier.
Så	kan	jeg		kigge		på slottet.
Dann	kann	ich		anschauen	das Schloss.	
I weekenden	skal	de	ikke	tage		til Ribe.
Am Wochenende	werden	sie	nicht	fahren		nach Ribe.

Bildtafeln zum Zeigen

Von A bis Z
Deutsch-Dänisch

Hinweis: Bei unregelmäßigen Verben werden neben dem Infinitiv noch die 1. Person Singular Imperfekt und das Partizip angegeben. Bei Adjektiven wird die Grundform ohne Endungen angegeben. Bei neutralen Nomen wird der Genus vermerkt. Ein Nomen ohne Genusangabe ist gemeinsamen Geschlechts.

A

ab fra [fra]
Abend aften ['aftən], Guten Abend! God aften! [go 'aftən], heute Abend i aften [i 'aftən], zu Abend essen spise aftensmad ['spi:sə 'aftənsmað]
Abendessen *(Abendbrot)* aftensmad ['aftənsmað], *(warmes Abendessen)* middag ['mida]
abends om aftenen [ɔm 'aftənən]
aber men [men]
abfahren rejse væk ['raisə wek]
Abfahrt afgang ['augang]
abfliegen flyve væk ['flüwə vek] <fløj, fløjet>
Abflug afgang ['augang]
abheben *(Geld vom Konto)* hæve ['häwə], *(Flugzeug vom Boden)* lette ['letə]
abholen hente ['hentə]

Absender, Absenderin afsender ['ausenər]
absolut absolut [absɔ'lut]
Achtung! *(Vorsicht!)* Forsigtig! [fɔr'sigti], *(Aufgepasst!)* Pas på! [pas pou]
Adapter adapter [a'daptər]
addieren addere [a'derə], etw. zu etw. addieren lægge noget sammen med noget ['legə 'nouət 'samən með 'nouət] <lagde, lagt>, Zahlen/alles addieren tælle tal/alt sammen ['telə täl alt 'samən] <talte, talt>
Adresse adresse [a'dresə]
Aids aids [äds]
Akku akkumulator [akumu'lätor]
Alkohol alkohol ['alkɔhol]
alkoholfrei alkoholfri ['alkɔholfri]
alle alle ['alə], *(jeder einzelne)* enhver [en'wer]
allein alene [a'länə]
Allergie allergi [aler'gi]
Allgemeinmediziner, Allgemeinmedizinerin praktiserende læge [prakti'serənə 'läjə]
als *(zeitlich)* da [da], *(nach einem Komparativ)* end [en]
also *(gefolgt von einer Erläuterung)* altså ['alsɔ], *(gefolgt von einem Nebensatz)* derfor ['derfɔr]
alt gammel ['gaməl]
Alter alder ['alər]

Ameise myre ['müra]
Ampel lyskurv ['lüskurw]
amüsant morsom ['morsɔm]
an *(Angabe einer Lage oder Position)* på [pou̯], am Strand på stranden [pou̯ 'stranən], an der Wand på væggen [pou̯ 'wägən], etw. an die Wand lehnen læne noget mod væggen ['länə 'nou̯ət moð 'wägən], an der Kreuzung links abbiegen dreje til venstre ved krydset ['drai̯ə til 'wenstrə weð 'krüsət], *(Angabe eines Adressats)* an das Hotel til hotellet [til ho'telət]
anbieten tilbyde ['tilbüðə] <tilbød, tilbudt>
anderer, andere, anderes anden ['anən], ○ andet ['anət]
anders *(abweichend)* anderledes ['anərleðəs], *(verschieden)* forskelligt [for'skeligt]
Anfahrtsbeschreibung beskrivelse af kørslen [bə'skriwəlsə a 'körslən]
Anfang begyndelse [bə'günəlsə], am Anfang i begyndelsen [i bə'günəlsən], Anfang Mai i begyndelsen af maj [i bə'günəlsən a 'mai̯]
anfangen begynde [bə'günə]
Angebot *(Auswahl)* udvalg ['uðwal] *n.*, *(Sonderangebot)* særtilbud ['sertilbuð] *n.*
ankommen ankomme ['ankɔmə] <ankom, ankommet>
Ankunft ankomst ['ankɔmst]

anmelden melde ['melə], sich anmelden melde sig ['melə sai̯], *(für einen Kurs)* tilmelde sig ['tilmelə sai̯], *(für eine Schule)* indmelde sig ['inmelə sai̯]
Anruf opringning ['ɔpringning]
anrufen ringe op ['ringə ɔp]
Anschluss *(auf Reisen)* forbindelse [for'binəlsə]
Anschlussflug forbindelsesfly [for'binəlsəsflü] *n.*
Anspitzer blyantspidser ['blüantspisər]
Antibiotika antibiotika [antibi'otika]
Antrag ansøgning ['ansöning]
Antwort svar [swar] *n.*
antworten svare ['swarə]
anzahlen betale en forudbetaling [bə'tälə e:n 'foruðbətäling]
Anzahlung forudbetaling ['foruðbətäling]
Anzeige *(Annonce)* annonce [a'nongsə], *(Strafanzeige)* anmeldelse ['anmeləlsə], Anzeige gegen jdn erstatten melde nogen til politiet ['melə nou̯ən til pɔli'tiət]
Anzug jakkesæt ['jakəset] *n.*
Apfel æble ['ä:blə] *n.*
Apotheke apotek [apo'täk] *n.*
April april [a'pril]
Arbeit arbejde ['arbai̯də] *n.*, *(Arbeitsstelle)* stilling ['stiling]
arbeiten arbejde ['arbai̯də]
Arbeitserlaubnis arbejdstilladelse ['arbai̯dstiläðəlsə]
arm fattig ['fati]

Arm arm [arm]
Armbanduhr armbåndsur ['armbɔnsur] n.
Arzt, **Ärztin** læge ['läjə]
Aschenbecher askebæger ['askəbäjər] n.
auch også ['ɔsə], auch nicht heller ikke ['helər 'ikə], Er spricht auch kein Dänisch. Han taler heller ikke dansk. [han 'tälər 'helər 'ikə dansk]
auf på [pou̯], Die Zeitung liegt auf dem Tisch. Avisen ligger på bordet. [a'wisən 'ligər pou̯ 'borət]
Aufenthalt ophold ['ɔphɔl] n., (Zwischenstopp) ophold undervejs ['ɔphɔl 'unərwai̯s]
aufhören holde op ['hɔlə ɔp] <holdt, holdt>
aufstehen stå op [stou̯ ɔp] <stod, stået>
Auge øje ['ɔi̯jə] n.
August august [au̯'gust], im August i august [i au̯'gust]
aus (von einem Ort) fra [fra], Ich bin aus Leipzig. Jeg er fra Leipzig. [jai̯ er fra lai̯psig], (zeitlich: vorbei) forbi [for'bi], Das Spiel ist aus. Spillet er forbi. ['spilət er for'bi]
Ausdruck (vom Computer) udskrift ['uðskrift], (auf Papier) aftryk ['au̯trük] n., (Miene, Phrase) udtryk ['uðtrük] n.
ausdrucken (vom Computer) udskrive ['uðskri:wə] <udskrev, udskrevet>, (auf Papier) aftrykke ['au̯trükə]

ausdrücken udtrykke ['uðtrükə]
Ausfahrt udkørsel ['uðkörsəl]
Ausflug udflugt ['uðflugt]
ausfüllen udfylde ['uðfülə]
Ausgang udgang ['uðgang]
ausgebucht fyldt op [fült ɔp]
Auskunft oplysning ['ɔplüsning]
ausmachen (ausschalten) slukke ['slukə]
Ausschlag udslæt ['uðslet] n.
aussehen se ud [se: uð] <så, set>
aussteigen stige ud ['sti:ə uð] <steg, steget>
Ausweis legitimationskort ['legitimasionskort] n., (um eine Mitgliedschaft nachzuweisen) medlemskort ['meðlemskort] n.
Auto bil [bi:l]
Autobahn motorvej ['motorwai̯]
Autobahnauffahrt motorvejstilkørsel ['motorwai̯stilkörsəl]
Automat automat ['au̯tomät], (Geldautomat) pengeautomat ['pengəau̯tomät]
automatisch automatisk [au̯to'mätisk]

B

Baby baby ['bäbi]
Babyfläschchen sutteflaske ['sutəflaskə]
Babynahrung babymad ['bäbimað]
Babypuder babypudder ['bäbipuðər] n.
Bach bæk [bek]

Bäcker, Bäckerin bager ['bäjər], beim Bäcker hos bageren [hos 'bäjərən]
Bäckerei bageri [bäjə'ri] n.
Bad bad [bað] n.
baden bade ['bäðə]
Badewanne badekar ['bäðəkar] n.
Bahn (Zug) tog [tou] n., (Institution) bane ['bänə]
Bahnhof banegård ['bänəgour]
Bahnsteig perron [pä'rɔng]
bald snart [snart]
Balkon (Hausvorbau) altan [al'tän], (im Theater) balkon [bal'kɔng]
Ball bold [bɔlt]
Banane banan [ba'nän]
Bank (Finanzinstitut) bank [bank], (Sitzmöbel) bænk [benk]
Bankleitzahl bankidentifikationskode ['bankidentifikasionskoðə]
bar in bar kontant [kɔn'tant]
Bargeld kontanter [kɔn'tantər] Pl.
Bart skæg [skäg] n.
Batterie batteri [batə'ri] n.
Bauch mave ['mäwə]
Baum træ [trä] n.
bedeuten betyde [bə'tüðə] <betød, betydet>
beginnen begynde [bə'günə]
behalten (nicht weggeben) beholde [bə'hɔlə], (nicht vergessen) huske ['huskə]
behindert handikappet ['handikapət]
Behinderter, Behinderte handikappet person ['handikapət per'son]
Behindertenausweis legitimationsbevis for handikappede ['legitimasionsbəwi:s for 'handikapəðə] n.
behindertengerecht egnet for handikappede [ainət for 'handikapəðə]
bei (in der Nähe von) ved [weð], (gleich daneben) lige ved ['liə weð], (bei Personen) hos [hɔs]
beide begge ['begə]
Bein ben [be:n] n.
bekommen få [fou] <fik, fået>
benutzen bruge ['bruə]
Berg bjerg [bjeau] n.
Beruf erhverv [er'werw] n.
Beschwerde klage ['kläjə]
beschweren klage ['kläjə], sich beschweren beklage sig ['bəkläjə sai]
besetzt optaget ['ɔptäət]
besser bedre ['beðrə]
Besserung bedring ['beðring], Gute Besserung! God bedring! [goð 'beðring]
bestätigen bekræfte [bə'kreftə]
Bestätigung bekræftelse [bə'kreftəlsə]
bestellen bestille [bə'stilə]
besuchen besøge [bə'söə]
Betrug bedrageri [bədrauə'ri] n.
Bett seng [seng], ins Bett gehen gå i seng [gou i seng]
Bettbezug dynebetræk ['dünəbətrek] n.
Bettdecke dyne ['dünə]
Bettlaken lagen ['läjən] n.
Bettzeug sengetøj ['sengətɔi] n.

bezahlen betale [be'tälə]
Bier øl [öl] *n.*
Bild billede ['biləðə] *n., (gemalt)* maleri [mälə'ri] *n.*
billig billig ['bili]
bio... økologisk [ökɔ'logisk]
Birne pære ['pärə]
bis indtil ['intil], bis Bremen til Bremen [til 'brämən]
bisschen smule ['smulə], ein bisschen en smule [e:n 'smulə], kein bisschen ingen smule ['iŋgən 'smulə]
bitte *(wenn man etwas möchte)* vær så venlig [wär sɔ 'wenli], *(wenn man etwas anbietet)* værsgo [wärs'go], *(Antwort auf Danke: Bitte schön!)* selv tak [sel tak], Wie bitte? Hvad behager? [wað be'har]
Bitte anmodning ['anmoðniŋ]
bitten bede ['be:ðə] <bad, bedt>, jdn um etw. bitten bede nogen om noget ['be:ðə 'nou̯ən ɔm 'nou̯ət]
bitter bitter ['bitər]
Blase *(Organ)* blære ['blärə], *(am Fuß)* vable ['wäblə], *(Lufteinschluss)* boble ['bɔblə]
Blatt blad [blað] *n.*
Blätterteig butterdej ['butərdai̯]
blau blå [blou̯]
bleiben blive ['bliwə] <blev, blevet>
bleifrei blyfri ['blüfri]
Bleistift blyant ['blüant]
blind blind [blin]

Blindenhund førerhund ['förərhun]
Blume blomst ['blɔmst]
Blumenladen blomsterforretning ['blɔmstərforetniŋ]
Bluse bluse ['blusə]
Blut blod [bloð] *n.*
Boot båd [bou̯ð]
brauchen have brug for ['häwə bru for] <havde, haft>
braun brun [bru:n]
breit bred [breð]
Breite bredde ['breðə]
Bremse bremse ['bremsə]
bremsen bremse ['bremsə]
Brief brev [breu̯] *n.*
Briefmarke frimærke ['frimerkə] *n.*
bringen *(hinbringen)* tage ['täjə] <tog, taget>, Können Sie mich zum Bahnhof bringen? Kan du tage mig med til banegården? [kan du ta mai̯ með til 'bänəgou̯rən], *(mitbringen)* bringe ['briŋgə] <bragte, bragt>
Bronchitis bronkitis [brɔn'kitis]
Brot brød [bröð] *n.*
Bruder bror [bror]
Brust bryst [brüst] *n., (Busen)* barm [barm]
Buch bog [bou̯]
buchen bestille [be'stilə]
Buchstabe bogstav ['bou̯stäw] *n.*
buchstabieren stave ['stäwə]
Bucht bugt [bugt]
Buchung bestilling [be'stiliŋ]
Büro kontor [kɔn'tor] *n.*
Bus bus [bus], *(Reisebus)* rutebil ['rutəbi:l]

Busbahnhof busstation ['busstasion]
Bushaltestelle busstoppested ['busstɔpəsteð] n.
Bußgeld bøde ['böðə]
Butter smør [smör] n.

C

Café café [ka'fä]
campen kampere [kam'perə]
Campingplatz campingplads ['kampiŋgplas]
CD CD [sä dä]
Cent cent [sent]
Chance chance ['schangsə]
Chef, Chefin chef [schäf]
christlich kristelig ['kristəli]
Cola cola ['kola]
Computer computer [kɔm'piutər]
Cousin, Cousine ♂ fætter ['fetər], ♀ kusine [ku'sinə]
Creme creme [kräm]

D

da *(zu einem bestimmten Zeitpunkt in der Vergangenheit)* da [da], *(in dem Moment)* dengang ['dengaŋg], *(weil)* fordi [for'di], *(dort)* der [der]
Dach tag [tä:] n.
Dame dame ['dämə]
Damenbinde hygiejnebind ['hügiainəbin] n.
Damentoilette *(Aufschrift)* Damer ['dämər]
daneben *(neben einer Sache)* ved siden af den/det [weð 'siðən a dən dä], *(neben einer Person)* ved siden af ham/hende [weð 'siðən a ham 'henə], (Da ist Peter.) Wer sitzt daneben? (Der er Peter.) Hvem sidder ved siden af ham? [(der er 'pätər) wem 'siðər weð 'siðən a ham]
Däne, Dänin dansker ['danskər]
Dänemark Danmark ['danmark] n.
dänisch dansk [dansk]
Dank tak [tak], Vielen Dank! Mange tak! ['maŋgə tak]
danke tak [tak]
danken takke ['takə]
dann *(zeitlich)* derefter [der'eftər], *(eine Konsequenz ausdrückend)* så [sɔ]
das den [dən], ○ det [dä]
→*Kurzgrammatik S. 155*
dass at [at]
Datum dato ['dätɔ]
Daumen tommelfinger ['tɔməlfiŋgər]
Decke tæppe ['tepə] n.
defekt mangelfuld ['maŋgəlful]
dein, deine din [din], ○ dit [dit]
→*Kurzgrammatik S. 159*
denken tænke ['tenkə]
denn fordi [for'di]
der, die, das den [dən], ○ det [dä]
→*Kurzgrammatik S. 155*
deutsch tysk [tüsk]
Deutscher, Deutsche tysker ['tüskər]
Deutschland Tyskland ['tüsklan] n.
Dezember december [dä'sembər]
Diät diæt [di'ät]
dich dig [dai]
→*Kurzgrammatik S. 158*

dick tyk [tük]
die den [dən], ○ det [dä], Pl. de [di] →*Kurzgrammatik S. 155*
Dienstag tirsdag ['tirsda]
dies dette ['detə]
dieser, diese, dieses den/det her [dən/dä her], *(wenn das Objekt vom Sprecher weiter entfernt ist)* den/det der [dən/dä der]
Ding ting [tiŋ]
Diphtherie difteritis ['diftəritis]
direkt direkte [di'rektə]
Direktflug direkte fly [di'rektə flü] *n.*
dolmetschen tolke ['tɔlkə]
Dolmetscher, Dolmetscherin tolk [tɔlk]
Dom domkirke ['dɔmkirkə]
Donnerstag torsdag ['tɔrsda]
doppelt dobbelt ['dɔbəlt]
Doppelzimmer dobbeltværelse ['dɔbəltwärəlsə] *n.*
Dorf landsby ['lansbü]
dort der [der], **dort drüben** derovre [der'oṷrə]
Dose dåse ['doṷsə]
draußen udenfor ['uðənfor]
drinnen indenfor ['inənfor]
Drittel tredjedel ['treðjədeːl]
drücken trykke ['trükə]
Drucker printer ['printər]
du du [du] →*Kurzgrammatik S. 158*
dunkel mørk [mörk]
durch *(räumlich)* gennem ['genəm], **eine Reise mit dem Zug durch** Jütland en rejse med toget gennem Jylland [eːn 'raisə með 'toṷət 'genəm 'jülən], **durch den Fluss schwimmen** svømme over floden ['swömə 'oṷər 'floðən]
Durchsage meddelelse ['meðdeːləlsə]
dürfen måtte ['mɔtə] <måtte, måttet>, **Das darf man nicht.** Det må man ikke. [dä mɔu man 'ikə]
Durst tørst [törst], **Durst haben** være tørstig ['wärə 'törsti]
Dusche bruser ['brusər]
duschen tage brusebad [ta 'brusəbað] <tog, taget>

E

EC-Karte EC-kort [ä sä kɔrt] *n.*
Ehe ægteskab ['egtəskäb] *n.*
Ehefrau kone ['konə]
Ehemann mand [man]
Ehepaar ægtepar ['egtəpar] *n.*
Ei æg [eg] *n.*
eigener, eigene, eigenes egen ['aiən], ○ eget ['aiət]
eilig hastig ['hasti], **Ich habe es eilig.** Det haster. [dä 'hastər]
ein, eine *(unbestimmter Artikel)* en [eːn], ○ et [et]
einfach *(ohne Mühe)* let [let], **einfache Fahrt** enkeltrejse ['enkəltraisə]
Eingang indgang ['ingaŋ]
einkaufen købe ind ['köːbə in]
Einkaufszentrum indkøbscenter ['inköbssentär] *n.*
einladen indbyde ['inbüðə] <indbød, indbudt>
Einladung indbydelse ['inbüðəlsə]

einlösen *(Scheck, Gutschein)* indløse ['inlösə]
einmal en gang [e:n gaŋ]
einpacken pakke ind ['pakə in]
Einreise indrejse ['inraisə]
einreisen rejse ind ['raisə in]
einsteigen stige ind ['stiə in] <steg, steget>
Einweg... engangs... ['e:ŋgaŋs]
Einzelzimmer enkeltværelse ['enkeltwärəlsə] *n.*
Eis is [i:s]
Eisbahn skøjtebane ['skɔitəbänə]
Eislaufen skøjteløb ['skɔitəlöb] *n.*
Eisstadion isstadion ['i:sstadion] *n.*
Eltern forældre [for'eldrə]
E-Mail e-mail ['i:mäl]
Empfänger, Empfängerin modtager ['moðtäər]
empfehlen anbefale ['anbəfälə]
Ende slutning ['slutniŋ]
England England ['eŋglan] *n.*
Engländer, Engländerin englænder ['eŋlenər]
englisch engelsk ['eŋgəlsk]
entgräten fjerne ben ['fjernə be:n]
entschuldigen undskylde ['unskülə], jdn entschuldigen undskylde nogen ['unskülə 'nouən], sich entschuldigen undskylde sig ['unskülə sai]
Entschuldigung undskyldning ['unskülniŋ], Entschuldigung! Undskyld! ['unskül]
entspannen slappe af ['slapə ä]
entwickeln udvikle ['uðwiklə], *(Film)* fremkalde ['fremkalə]

Entwicklung udvikling ['uðwikliŋ], *(Film)* fremkaldelse ['fremkaləlsə]
er han [han]
→*Kurzgrammatik S. 158*
Erdbeere jordbær ['jorbär] *n.*
Erdgeschoss stueetage ['stuəetäschə]
erklären forklare [for'klarə]
erlauben tillade ['tiläðə]
Ermäßigung nedsættelse ['neðsetəlsə]
erster, erste, erstes første ['förstə]
erwachsen voksen ['wɔksən]
Erwachsener, Erwachsene voksen ['wɔksən]
erzählen fortælle [for'telə] <fortalte, fortalt>
es det [dä] →*Kurzgrammatik S. 158*
essen spise ['spi:sə], zum Essen ausgehen gå ud at spise [gou uð at 'spi:sə]
Essig eddike ['eðkə]
Etage etage [e'täschə], 1. Etage første sal ['förstə säl]
Etikett etikette [eti'ketə]
euch *(reflexiv)* jer [jer]
→*Kurzgrammatik S. 158*
euer, eure jeres ['jerəs]
→*Kurzgrammatik S. 159*
Euro euro ['ɔiro]
Europa Europa [ɔi'ropa] *n.*
Europäer, Europäerin europæer [ɔiro'päər]
europäisch europæisk [ɔiro'päisk]

F

Fabrik fabrik [faˈbrik]
Fahne fane [ˈfänə]
Fähre færge [ˈfärjə]
fahren køre [ˈkörə]
Fahrer, Fahrerin chauffør [schoˈför]
Fahrkarte billet [biˈlet]
Fahrkartenautomat billetautomat [biˈletautomät]
Fahrplan køreplan [ˈköreplän]
Fahrrad cykel [ˈsükəl]
Fahrt (im Auto) køretur [ˈkörətur], (Strecke) rejse [ˈraisə]
Fahrzeugschein registreringsattest [ˈregistreringsatest]
fallen falde [ˈfalə] <faldt, faldet>, etw. fallen lassen tabe noget [ˈtäbə ˈnouət] <tabte, tabt>
falsch forkert [forˈkert]
Familie familie [faˈmiliə]
familienfreundlich familievenlig [faˈmiliəwenli], Wir sind familienfreundlich. Familier er velkomne. [faˈmiliär er ˈwelkɔmnə]
Familienname efternavn [ˈefternaun] n.
Familienstand ægteskabelig stilling [ˈegtəskäbli ˈstiling]
Farbe farve [ˈfarwə]
Fass tønde [ˈtönə], vom Fass fra fad [fra fað]
fast næsten [ˈnestən]
Fax fax [faks]
faxen faxe [ˈfaksə]
Faxnummer faxnummer [ˈfaksnumər] n.

Februar februar [ˈfebruar]
fehlen mangle [ˈmanglə], Eine Person fehlt noch. En person mangler endnu. [eːn perˈson manglər eˈnu]
Fehler fejl [fail]
Feier fest [fest]
Feiertag (religiöser Feiertag) helligdag [ˈhelidä], (nichtreligiöser Feiertag) fridag [ˈfridä]
Feld mark [mark]
Fels klippe [ˈklipə]
Fenster vindue [ˈwindu] n.
Ferien ferie [ˈferiə]
Ferienhaus feriehus [ˈferiəhus] n.
Fernglas kikkert [ˈkikərt]
fernsehen se fjernsyn [seː ˈfjernsün] <så, set>
Fernsehen fjernsyn [ˈfjernsün] n.
fertig færdig [ˈferdi]
Fertiggericht færdigret [ˈferdiret]
Festland fastland [ˈfastlan] n.
Feuer ild [il]
Feuerzeug lighter [ˈlaitər]
Fieber feber [ˈfäbər]
Film film [film]
finden etw./jdn finden finde noget/nogen [ˈfinə ˈnouət/ ˈnouən] <fandt, fundet>, (beurteilen) gut finden synes om [ˈsünəs ɔm], Wie findest du …? Hvordan synes du om … ? [worˈdan ˈsünəs du ɔm]
Finger finger [ˈfingər]
Firma firma [ˈfirma] n.
Fisch fisk [fisk]
Fischstäbchen fiskefinger [ˈfiskəfingər]

flach flad [flað]
Flasche flaske ['flaskə]
Flaschenöffner flaskeåbner ['flaskəɔubnər]
Fleisch kød [köð] *n.*
Fleischer, Fleischerin slagter ['slagtər]
Fleischerei slagteri [slagtə'ri] *n.*
fliegen flyve ['flüwə] <fløj, fløjet>
Flug fly [flü] *n.*
Flughafen lufthavn ['lufthaun]
Flugzeug flyvemaskine ['flüwəmaskinə]
Fluss flod [flo:ð]
Form form [form]
Formular formular [formu'lar], ein Formular ausfüllen udfylde en formular ['uðfülə e:n formu'lar]
Foto foto ['foto] *n.*
fotografieren fotografere [fotogra'ferə]
Frage spørgsmål ['spörsmoul] *n.*
fragen spørge ['spörə] <spurgte, spurgt>
Frankreich Frankrig ['frankri] *n.*
französisch fransk [fransk]
Frau kvinde ['kwinə], *(Anrede für verheiratete Frau)* fru [fru], *(Anrede für ledige Frau)* frøken ['frökən], *(Ehefrau)* kone ['konə]
frei fri [fri]
Freitag fredag ['freda]
Freizeit fritid ['fritið]
fremd fremmed ['freməð]
Fremdenverkehrsbüro turistinformationsbureau [tu'ristinformasionsbüro] *n.*

freuen glæde ['glädə], sich freuen glæde sig ['glädə sai], sich über etw. freuen glæde sig over noget ['glädə sai 'ɔuər 'nouət]
Freund, Freundin ♂ ven [wen], ♀ veninde [we'ninə], *(Partner(in))* kæreste ['kärəstə]
Friseur, Friseurin frisør [fri'sör]
früh tidlig ['tiðli]
früher *(zeitiger)* tidligere ['tiðliərə], Gibt es einen früheren Flug? Er der et tidligere fly? [er der et 'tiðliərə flü], *(einst)* i fortiden [i 'fortiðən]
Frühling forår ['forour] *n.*
Frühstück morgenmad ['morənmað]
frühstücken spise morgenmad ['spi:sə 'morənmað]
führen lede ['läðə]
Führerschein kørekort ['körəkort] *n.*
Fünen *(dänische Insel zwischen Jütland und Seeland)* Fyn [fün]
für for [for], *(für jemanden bestimmt)* Das ist für dich. Den er til dig. [dən er til dai], *(um einen Bezug herzustellen)* Er ist groß für sein Alter. Han er stor af sin alder. [han er stor a sin 'alər]
Fuß fod [foð]
Fußball fodbold [foðbolt]

G

Gabel gaffel ['gafəl]
Garage garage [ga'rarschə]
Garten have ['häwə]

Gärtner, Gärtnerin gartner ['gartnər]
Gas gas [gas]
Gast gæst [gest]
Gebäude bygning ['bügning]
geben give ['giwə] <gav, givet>
Gebirge bjergkæde ['bjeaukäðə]
geboren født [föt], Wann sind Sie geboren? Hvornår er du født? [wor'nour er du föt]
Geburtsdatum fødselsdato ['föðsəlsdäto]
Geburtsort fødested ['föðəsteð] n.
Geburtstag fødselsdag ['föðsəlsdä], Herzlichen Glückwunsch zum Geburtstag! Hjertelig til lykke med fødselsdagen! ['jertəli til 'lükə með 'föðsəlsdään]
Gedeck kuvert [ku'wert]
gefährlich farlig ['farli]
gefallen behage ['bəhäjə]
Gefängnis fængsel ['fengsəl] n.
gegen *(Ablehnung ausdrückend)* imod [i'moð], *(ungefähr)* henimod ['henimoð], gegen 20 Uhr henimod klokken 20 ['henimoð 'klɔkən 'tüwə]
Gegend egn [ain]
gehen *(sich fortbewegen)* gå [gou] <gik, gået>, Mir geht es (nicht) gut. Jeg har det (ikke) godt. [jai har dä 'ikə gɔt], *(funktionieren)* virke ['wirkə], Das Radio geht nicht. Radioen virker ikke. ['radioən 'wirkər 'ikə]
gehören tilhøre ['tilhörə]
gelb gul [gul]
Geld penge ['pengə] Pl.

Geldschein pengeseddel ['pengəseðəl]
Gemüse grøntsager ['gröntsäjər] Pl.
gemütlich hyggelig ['hügəli]
genau akkurat [aku'ra:t]
Gepäck bagage [ba'gä:sche]
gerade lige ['liə]
geradeaus lige ud ['liə uð]
Gericht *(Mahlzeit oder Rechtsinstanz)* ret [ret]
gern gerne ['gernə]
Geschäft forretning [for'retning]
Geschenk gave ['gäwə]
geschieden skilt [skilt]
Geschmack smag [smä]
Gesicht ansigt ['ansigt] n.
Gespräch samtale ['samtälə]
gestern i går [i gour]
gesund rask [rask]
Gesundheit sundhed ['sunheð], Gesundheit! Prosit! ['prosit]
Getränk drik [drik]
Gewicht vægt [wegt]
Gift gift [gift]
giftig giftig ['gifti]
Glas glas [glas] n.
glauben tro [tro]
gleich *(sofort)* straks [straks], *(übereinstimmend)* samme ['samə]
Gleis *(Schiene)* spor [spor] n., *(Bahnsteig)* perron ['perɔng]
Gleitschirmfliegen paragliding ['paraglaiding]
Glück *(zufriedener Zustand)* lykke ['lükə], *(zufallsbedingter Erfolg)* held [hel], Glück haben være heldig ['wärə 'heldi] <var, været>

glücklich *(zufrieden)* lykkelig ['lükəli], *(zufallsbedingt)* heldig ['heldi]
Golf golf [gɔlf]
Golfplatz golfbane ['gɔlfbänə]
Grad grad [grað]
Gramm gram [gram] *n.*
Gräte fiskeben ['fiskəbe:n] *n.*
gratulieren gratulere [gratu'lerə]
grau grå [grɔu]
Grönland Grønland ['grönlan] *n.*
Grönländer, Grönländerin grønlænder ['grönlenər]
grönländisch grønlandsk ['grönlansk]
groß stor [stor], *(hochgewachsen)* høj [hɔi]
Großbritannien Storbritannien ['storbritaniən]
Größe størrelse ['störəlsə]
Großeltern bedsteforældre ['bestə for'eldrə]
Großmutter bedstemor ['bestəmor], *(Mutter der Mutter)* mormor ['mormor], *(Mutter des Vaters)* farmor ['farmor]
Großvater bedstefar ['bestəfar], *(Vater der Mutter)* morfar ['morfar], *(Vater des Vaters)* farfar ['farfar]
grün grøn [grön]
Gruß hilsen [hilsən], Schöne Grüße an ...! De bedste hilsener til ... ! [di 'bestə 'hilsənər til]
grüßen hilse ['hilsə], Grüß ... von mir! Hils ... fra mig! [hils ... fra mai]
gültig gyldig ['güldi]

Gurke agurk [a'gurk], *(klein und eingemacht)* lille sylteagurk ['lilə 'sültəagurk]
gut *(Adjektiv)* god [goð], *(Adverb)* godt [gɔt], Gut gemacht! Godt gjort! [gɔt gjort]

H

Haar hår [hour] *n.*
haben have ['häwə] <havde, haft>, Hast du Lust? Har du lyst? [har du lüst], Ich habe es gemacht. Jeg har gjort det. [jai har gjort dä]
Hähnchen kylling ['küling]
halb halv [hal], halb drei halv tre [hal tre:]
halber, halbe, halbes halv [hal], halvt [halt], ein halbes Kilo et halvt kilo [et halt 'kilo]
Halbpension halvpension ['halpaŋsion]
Hälfte halvdel ['halde:l]
hallo *(Grußwort)* hej [hai], *(am Telefon)* hallo ['halo]
Hals hals [hals], *(vorn)* strube ['strubə], *(hinten)* nakke ['nakə]
halten holde ['hɔlə]
Hand hånd [hɔn]
Handschuh handske ['hanskə]
Handtuch håndklæde [hɔnkläðə] *n.*
Handy mobiltelefon [mo'biltelefon]
Hauptspeise hovedret ['howəðret]
Haus hus [hus] *n.*, zu Hause hjemme ['jemə], nach Hause hjem [jem]
Haustier husdyr ['husdür] *n.*

Hauswein husvin [ˈhuswiːn]
heiraten gifte sig med [ˈgiftə sai með]
heiß hed [heð]
heißen hedde [ˈheðə] <hed, heddet>, *Wie heißen Sie?* Hvad hedder du? [wað ˈheðər du]
helfen hjælpe [ˈjelpə] <hjalp, hjulpet>
hell lys [lüs]
Hemd skjorte [ˈskjortə]
Hepatitis hepatitis [hepaˈtitis]
Herbst efterår [ˈeftərour] *n.*
Herd komfur [kɔmˈfur] *n.*
Herr *(Anrede)* Her [her], *(auf Briefumschlag)* Hr. [her], *(höflich für ‚Mann')* herre [ˈherə]
Herrentoilette *(Aufschrift)* Herrer [ˈherə]
heute i dag [i dä], *heute Nacht* i nat [i nat]
hier her [her], *hier entlang* denne vej [ˈdenə wai]
Hilfe hjælp [jelp], *Erste Hilfe* førstehjælp [ˈförstəjelp]
Himbeere hindbær [ˈhinbär] *n.*
hinten *(weiter weg liegend)* bagved [ˈbäweð], *(auf der rückwärtigen Seite)* bagpå [ˈbäpou]
hinter bag [bä]
hoch høj [hɔi]
Hochglanz højglans [ˈhɔiglans]
Hochstuhl høj barnestol [hɔi ˈbarnəstoːl]
Höhe højde [ˈhɔidə]
Höhle hule [ˈhuːlə]
holen hente [ˈhentə]

homosexuell homoseksuel [ˈhomoseksuel]
Honig honning [ˈhɔning]
hören høre [ˈhörə], *(zuhören)* lytte [ˈlütə]
Hose bukser [ˈbuksər] *Pl.*, *kurze Hose* korte bukser [ˈkɔrtə ˈbuksər] *Pl.*
Hotel hotel [hoˈtel] *n.*
Hüfte hofte [ˈhɔftə]
Huhn høne [ˈhönə]
Hund hund [hun]
Hunger sult [sult], *Hunger haben* være sulten [ˈwärə ˈsultən]
hungrig sulten [ˈsultən]
Husten hoste [ˈhɔstə]
Hustensaft hostesaft [ˈhɔstəsaft]

I

ich jeg [jai] →*Kurzgrammatik S. 158*
Idee idé [iˈdeː]
ihr *(Personalpronomen)* I [i] →*Kurzgrammatik S. 158*
ihr, ihre *(einem weiblichen Subjekt zugeordnet)* sin [siːn], ○ sit [sit], *Pl.* sine [ˈsinə], *Petra liest ihr (eigenes) Buch.* Petra læser sin bog. [ˈpätra ˈläsər siːn bou], *(einer anderen Frau gehörend)* hendes [ˈhenəs], *Petra liest ihr (Andreas) Buch.* Petra læser hendes bog. [ˈpätra ˈläsər ˈhenəs bou], *(einem nicht-menschlichen Nomen zugeordnet)* dens [dens], ○ dets [des], *die Blume und ihre Blätter* blomsten og dens blade [ˈblɔmstən o dens ˈblädə], *(mehreren Subjekten zugeordnet)* deres [ˈderəs], Petra

und Thomas holen ihr Auto. Petra og Thomas henter deres bil. ['pätra o 'tomas hentər 'derəs biːl] →*Kurzgrammatik S. 159*

Ihr, Ihre *(einer Person in der Höflichkeitsform zugeordnet)* Deres ['derəs] →*Kurzgrammatik S. 159*

immer altid ['altið], immer noch stadig væk ['staði wek]

Impfpass vaccinationsattest ['waksinasionsatest]

in i [i]

Information information [informasi'on], *(Stelle im Flughafen usw.)* informationsdisk [informasi'onsdisk]

innen indeni ['inəni]

innerhalb *(zeitlich)* inden for ['inən for], *(räumlich)* inden i ['inən i]

Insekt insekt [in'sekt] *n.*

Insektenbiss insektstik [in'sektstik] *n.*

Insel ø [ö]

Insulin insulin [insu'liːn] *n.*

interessant interessant [intərə'sant]

Internet internet ['intərnet] *n.*

J

ja ja [ja]

Jacke jakke ['jakə], *(Strickjacke)* trøje ['trɔijə]

Jagd jagt [jagt]

Jahr år [our] *n.*

Jahreszeit årstid ['ourstið]

Januar januar ['januar]

Jeans jeans [dschiːns]

jeder, jede, jedes *(vor dem Nomen)* hver [wer], ○ hvert [wert], *(als Pronomen)* enhver ['enwer], ○ ethvert ['etwert]

jemand nogen ['nou̯ən]

jetzt nu [nu]

Jogurt yoghurt ['jɔgurt]

Jucken kløːe [klö]

Jugendherberge vandrehjem ['wandrəjem] *n.*

Jugendlicher, Jugendliche ung mand/kvinde [uŋ man 'kwinə]

Juli juli ['juli]

jung ung [uŋ]

Junge dreng [dreŋ]

Juni juni ['juni]

Jütland Jylland ['jülən] *n.*

Jütländer, Jütländerin jyde ['jüðə]

jütländisch jysk [jüsk]

Juwelier, Juwelierin juvelér [juwə'ler]

K

Kabel *(dicke elektrische Leitung)* kabel ['kåbəl] *n.*, *(dünne elektrische Leitung)* ledning ['leðniŋ]

Kaffee kaffe ['kafə]

Kakao kakao [ka'kau̯]

Kakerlake kakerlak ['kakərlak]

kalt kold [kɔl]

Kamera kamera ['kamərə] *n.*

Kamm kam [kam]

kämmen rede ['reːðə]

kämpfen kæmpe ['kempə]

Kappe hætte ['hetə]

kaputt itu [iˈtu], **kaputt machen** ødelægge [ˈöðəlegə] <ødelagde, ødelagt>
Karotte gulerod [ˈguləroð]
Karte kort [kɔrt] n., *(Postkarte)* postkort [ˈpɔstkɔrt] n., *(Landkarte)* landkort [ˈlankɔrt] n., *(Speisekarte)* spisekort [ˈspiːsəkɔrt] n.
Kartoffel kartoffel [karˈtɔfəl]
Käse ost [oust]
Kasse kasse [ˈkasə]
Katze kat [kat]
kaufen købe [ˈköːbə]
Kaufhaus varehus [ˈwarəhus] n.
Kaugummi tyggegummi [ˈtügəgumi] n.
Kehle strube [ˈstrubə]
kein, keine ingen [ˈiŋən], o intet [ˈintət]
Keks kiks [kiks]
Keller kælder [ˈkelər]
Kellner, Kellnerin ♂ tjener [ˈtjeːnər], ♀ servitrice [serwiˈtriːsə]
kennen kende [ˈkenə]
Ketchup ketchup [ˈketschup]
Kilogramm kilogram [ˈkilogram] n.
Kilometer kilometer [ˈkilomätər]
Kind barn [barn] n., **Kinder** børn [börn] n. Pl.
Kinderbecken børnebassin [ˈbörnəbaseŋ] n.
kinderfreundlich børnevenlig [ˈbörnəwenli]
Kindergarten børnehave [ˈbörnəhäwə]
Kinderkrippe vuggestue [ˈwugəstuə]
Kinderwagen *(für Babys)* barnevogn [ˈbarnəwoun], *(für Kleinkinder)* klapvogn [klapwoun]
Kino biograf [bioˈgraːf]
Kiosk kiosk [kiɔsk]
Kirche kirke [ˈkirkə]
Kissen pude [ˈpuðə], *(Kopfkissen)* hovedpude [ˈhowəðpuðə]
Kissenbezug pudebetræk [ˈpuðəbətrek] n.
Kleid kjole [ˈkjolə]
Kleidung klæder [ˈklädər] n. Pl.
klein lille [ˈlilə], små [smou] Pl.
Kleingeld småpenge [ˈsmɔpeŋə] Pl.
Kneipe værtshus [ˈwertshus] n.
Knöchel ankel [ˈankəl]
Knochen knogle [ˈknoːlə]
Knopf knap [knap]
Koch, Köchin kok [kɔk]
kochen lave mad [ˈläwə mað], *(in kochendem Wasser)* koge [ˈkouə]
Koffer kuffert [ˈkɔfərt]
Kofferraum bagagerum [baˈgäːschərum] n.
kommen komme [ˈkɔmə] <kom, kommet>, *(ankommen)* ankomme [ˈankɔmə] <ankom, ankommet>
Kommission kommission [kɔmischiˈon]
Kompass kompas [kɔmˈpas] n.
Konditorei konditori [kɔnditoˈri] n.
Kondom kondom [kɔnˈdɔm] n.
Konfitüre syltetøj [ˈsyltətɔi] n.
können kunne [ˈkunə] <kunne, kunnet>, *Ich kann kommen.* Jeg kan komme. [jai kan ˈkɔmə]
Konsulat konsulat [kɔnsuˈlät] n.

Kontinent fastland ['fastlan] *n.*
Konto konto ['kɔnto]
Kontonummer kontonummer ['kɔntonumər] *n.*
Kontrolle kontrol [kɔn'trɔl]
kontrollieren kontrollere [kɔntrɔ'lerə]
Konzert koncert [kɔn'sert]
Kopenhagen København [köbən'haun]
Kopf hoved ['howəð] *n.*
Kopfweh hovedpine ['howəðpi:nə]
Korb kurv [kurw]
Korken prop [prɔp]
Korkenzieher proptrækker ['prɔptrekər]
Körper krop [krɔp], legeme ['lejmə] *n.*
kosten koste ['kɔstə]
Kostüm *(Jackett und Rock)* dragt [dragt], *(Verkleidung)* udklædning ['uðklädning]
Krabbe krabbe ['krabə], *(sehr klein)* reje ['raijə]
krank syg [sü]
Krankenhaus sygehus ['süəhus] *n.*
Krankenpfleger, Krankenpflegerin sygehjælper ['süəjelpər]
Krankenschwester sygeplejerske ['süəplaiərskə]
Krankenwagen ambulance [ambu'langsə]
Krankheit sygdom ['südɔm]
Kreditkarte kreditkort [kre'ditkort]
Kreditkartennummer kreditkortnummer [kre'ditkortnumər] *n.*
Krieg krig [kri]

kriegen få [fou] <fik, fået>
Krone *(dänische Währung)* krone ['kronə]
Krücke krykke ['krükə]
Küche køkken ['kökən] *n.*, die dänische Küche det danske køkken [dä danskə 'kökən]
Kuchen kage ['käjə]
Kugelschreiber kuglepen ['kuləpen]
kühlen køle ['kölə]
Kühlschrank køleskab ['köləskäb] *n.*
Kunst kunst [kunst]
Kunsthandwerk kunsthåndværk ['kunsthɔnwerk] *n.*, *(Objekt)* kunstgenstand ['kunstgenstan]
Kupplung kobling ['kɔbling]
Kurs kurs [kurs], *(Lehrgang)* kursus ['kursus] *n.*
kurz kort [kort]
Kuss kys [küs] *n.*
küssen kysse ['küsə]
Küste kyst [küst]

L

lächeln smile ['smi:lə]
lachen le [lä:] <lo, leet>
Ladegerät opladningsapparat ['ɔplädningsapara:t] *n.*
laden lade [lädə]
Laden forretning [fɔ'retning]
Laken lagen ['läjən] *n.*
Land land [lan] *n.*
Landkarte landkort ['lankort] *n.*
lang lang [lang], Wie lang wird das dauern? Hvor længe vil det vare? [wor 'lengə wil dä warə]

lange længe ['lengə], Müssen wir lange warten? Må vi vente længe? [mou wi 'wentə 'lengə]
Länge længde ['lengdə]
Langlauf langrend ['langren] n.
langsam (Adjektiv) langsom ['langsɔm], (Adverb) langsomt ['langsɔmt]
Lastwagen lastbil [lastbi:l]
Lauch porre ['porə]
laufen (rennen) løbe ['löbə] <løb, løbet>, (zu Fuß unterwegs sein) gå [gou] <gik, gået>
Läuse lus [lus]
laut højlydt ['hɔjlüt], (unangenehm) støjende ['stɔjənə]
leben leve ['le:wə]
Leben liv [liu] n.
Lebensmittel levnedsmiddel ['lewnəðsmiðəl] n.
Leber lever ['lewər]
lecker lækker ['lekər]
Leder læder ['leðər] n.
ledig ugift ['ugift]
leer tom [tɔm]
legal legal [le'gäl]
legen lægge ['legə] <lagde, lagt>
leicht (Gewicht) let [let], (einfach) nem [nem]
leider desværre [des'wärə], **leider ja** ja desværre [ja des'wärə], **leider nein** desværre ikke [des'wärə 'ikə]
leihen sich etw. leihen låne noget [lounə 'nouət], jdm etw. leihen udlåne noget ['uðlounə 'nouət]

Leine reb [re:b] n., (für die Wäsche) tørresnor ['törəsnor], (für den Hund) bånd [bɔn] n.
leise stille ['stilə], (Stimme) sagte ['sachtə], (Radio, Fernseher) svag [swä]
lenken styre ['stürə]
lernen lære ['lärə]
lesbisch lesbisk ['lesbisk]
lesen læse ['läsə]
letzter, letzte, letztes sidste [sidstə]
Leute folk [fɔlk] n.
Licht lys [lüs] n.
Liebe kærlighed ['kärliheð]
lieben elske ['elskə]
Lied sang [sang]
liegen (in horizontaler Position sein) ligge ['ligə] <lå, ligget>, (sich befinden) være ['wärə] <var, været>
Likör likør [li'kör]
lila lilla ['lila]
Limonade citronvand [si'tronwan], limonade [limo'nädə]
links (auf der linken Seite) på venstre side [pou 'wenstrə 'siðə], (nach links) til venstre [til 'wenstrə]
Linse (Hülsenfrucht oder Schicht des Auges) linse ['linsə]
Lippe læbe ['lä:bə]
Lippenstift læbestift ['lä:bəstift]
Liter liter [litər]
Lkw lastbil ['lastbi:l]
Loch hul [hu:l] n.
Locke lok [lɔk]

Löffel ske [ske:], *(für den Nachtisch)* dessertske [de'sertske:]
Lösung *(Auflösung eines Problems)* løsning ['lösning], *(Begriff in Chemie)* opløsning ['ɔplösning]
Lotion lotion [loschi'on]
Luft luft [luft]
Lunge lunge ['lungə]
lustig lystig ['lüsti]

M

machen *(tun)* gøre ['görə] <gjorde, gjort>, *(etw. herstellen)* lave ['läwə], Mach's gut! Ha' det godt! [ha dä gɔt]
Mädchen pige ['pi:ə]
Mädchenname pigenavn ['pi:ənaun] *n.*
Magen mave ['mäwə]
Mai maj [mai̯]
man man [man]
manchmal sommetider ['sɔmətiðər], undertiden ['unərtiðən]
Mangel *(Fehlerhaftigkeit)* fejl [fai̯l], *(etwas Fehlendes)* mangel ['mangəl]
Mann mand [man]
männlich mandlig ['manli], *(grammatikalisch)* hankøn ['hankön]
Mantel frakke ['frakə]
Markt marked ['markəð] *n.*
Marmelade marmelade [marmə'läðə]
März marts [marts]
Maschine maskine [mas'ki:nə]
Masern mæslinger ['meslingər] *Pl.*

Maß mål [mɔul] *n.*, *(Stab o. Ä. zum Messen)* målestok ['mɔuləstɔk]
Massage massage [ma'säschə]
matt *(nicht glänzend)* mat [mat]
Matte måtte ['mɔtə]
Mauer mur [mur]
Maus mus [mus]
Mayonnaise mayonnaise [maijɔ'näsə]
Medizin *(Heilkunst)* medicin [medi'si:n], *(Medikament)* lægemiddel ['läjəmiðəl] *n.*
Meer hav [hau̯] *n.*
Meeresfrüchte mad fra havet [mað fra 'häwət]
Mehl mel [me:l] *n.*
mehr mere ['merə]
mein, meine min [mi:n], o mit [mit], Pl. mine ['mi:nə] →*Kurzgrammatik S. 159*
meinen mene ['me:nə]
Meinung mening ['me:ning]
meist mest [me:st]
Melone melon [me'lo:n]
Mensch *(Person)* person [per'so:n], *(im Gegensatz zu Tier)* menneske ['menskə] *n.*
Menstruation menstruation [menstruasi'on]
Menü menu [me'nü]
Messe messe ['mesə]
Messer kniv [kniu̯]
Metal metal [me'tal] *n.*
Meter meter ['mätər]
Metzger, Metzgerin slagter ['slagtər]
mich *(reflexiv)* mig [mai̯]
Miete leje ['lai̯jə]

mieten leje ['lɑijə]
Migräne migræne [mi'gränə]
Mikrowelle mikroovn ['mikroo̯un]
Milch mælk [mälk]
Milchprodukt mejeriprodukt [mɑijə'riːpro'dukt] n.
mild mild [mil]
Militär militær [mili'tär] n.
minus minus ['minus]
Minute minut [mi'nut] n.
mischen blande ['blanə]
mit med [með]
mitbringen bringe med ['briŋə með] <bragte, bragt>
mitnehmen tage med ['täə með] <tog, taget>
Mittag middag ['midä], heute Mittag i dags middag [i däs 'midä], zu Mittag essen spise middagsmad ['spiːsə 'midäsmað]
Mittagessen middagsmad ['midäsmað], (kaltes Essen zu Mittag) frokost ['frɔkɔst]
mittags om middagen [ɔm 'midäən]
Mittagsmenü middagsmenu ['midäs me'nü]
Mitte midte ['mitə], Mitte Januar/des Monats midt i januar/i måneden [mit i 'januar/i mou̯nəðən]
Mittwoch onsdag ['onsda]
Möbel møbel ['möbəl] n.
Mode (Kleidung) mode ['moðə]
mögen kunne lide ['kunə liː] <kunne, kunnet>, Ich mag gern Weißbrot. Jeg kan godt lide franskbrød. [jɑi kan gɔt liː 'franskbröð], synes om ['sünəs ɔm], Ich mag ihn gern. Jeg synes godt om ham. [jɑi 'sünəs gɔt ɔm ham]
möglich mulig ['muːli]
Moment øjeblik ['ɔijəblik] n.
Monat måned ['moːu̯nəð]
Mond måne ['moːu̯nə]
Montag mandag ['manda]
morgen i morgen [i 'morən], Bis morgen! Vi ses i morgen! [wi seːs i 'morən]
Morgen morgen ['morən], Guten Morgen! Godmorgen! [go'morən], heute Morgen i morges [i 'morəs]
morgens om morgenen [ɔm 'morənən]
Moschee moské [mɔ'skeː]
Moskito moskito [mɔ'skito]
Moskitonetz moskitonet [mɔ'skitonet] n.
Motor motor ['motor]
Motorrad motorcykel ['motorsükəl]
müde træt [tret]
Müll affald ['ɑu̯fal] n.
Mülleimer skraldespand ['skraləspan]
Mund mund [mun]
Münze mønt [mönt]
Musik musik [mu'sik]
muslimisch muslimsk [mu'slimsk]
müssen (Verpflichtung) måtte [mɔtə] <måtte, måttet>, Ich muss los! Jeg må af sted! [jɑi mou̯ a steð], (Zwang) skulle ['skulə] <skulle, skullet>, Ich muss meine Rechnung zahlen. Jeg skal

betale min regning. [jai skal bə'tälə mi:n 'raining]
mutig modig ['moði]
Mutter mor [mor]
Mütze hue ['huə]

N

nach *(einer Sache folgend)* efter ['eftər], nach einer Stunde efter en time ['eftər e:n 'ti:mə], *(zu einem bestimmten Ort)* til [til], nach Kopenhagen/Aarhus til København/Aarhus [til 'köbənhaun 'ourhus]
Nachmittag eftermiddag ['eftərmidä], heute Nachmittag i eftermiddag [i 'eftərmidä]
nachmittags om eftermiddagen [ɔm 'eftərmidään]
Nachname efternavn ['eftərnaun] *n.*
Nachricht *(Mitteilung)* meddelelse ['meðde:ləlsə], *(in den Medien)* Nachrichten nyheder ['nüheðər] *Pl.*
Nachspeise efterret ['eftər ret], dessert [də'sert]
nächster, nächste, nächstes næste ['nestə], Der Nächste, bitte! Værsgo, den næste! [wärs'go dən 'nestə]
Nacht nat [nat], Gute Nacht! Godnat! [go'nat], letzte Nacht i nat [i nat]
nachts om natten [ɔm 'natən]
Nadel nål [noul]
Nagel *(an Fingern und Zehen)* negl [nail], *(Metallpin)* søm [söm] *n.*

Nagelknipser negleklipper ['nailəklipər]
Nagellack neglelak ['nailəlak]
nah nær [när]
nähen sy [sü]
Nähnadel synål ['sünoul]
Nahverkehrszug nærtrafiktog ['närtrafiktou] *n.*
Name navn [naun] *n.*
Nase næse ['näsə]
Nationalität nationalitet [nasionali'tät]
Natur natur [na'tur]
Naturheilkunde naturlægekunst [na'turläjəkunst]
neben *(räumlich)* ved siden af [weð 'siðən ä]
neblig tåget ['touət]
nehmen tage ['täə] <tog, taget>
nein nej [nai]
nett *(sympathisch)* rar [rar], *(freundlich)* pæn [pä:n]
Netz net [net] *n.*
neu ny [nü]
nicht ikke ['ikə], nicht mehr ikke mere ['ikə 'merə], überhaupt nicht slet ikke [slet 'ikə]
Nichtraucher, Nichtraucherin ikkeryger ['ikərüər]
Nichtraucherabteil ikkerygerkupé ['ikərüərkupe:]
nichts intet ['intət], ingenting ['ingənting], Ich möchte nichts essen. Jeg vil ikke spise noget. [jai wil 'ikə 'spi:sə 'nouət]
nie aldrig ['aldri], nie wieder/mehr aldrig igen/mere ['aldri i'gen mer]

noch endnu [e'nu], **noch einmal** endnu en gang ['enu e:n gang], **noch nicht** ikke endnu ['ikə e'nu]
Norden nord [nor]
normal normal [nor'mäl]
Notfall nødstilfælde ['nöðstilfelə] *n.*
nötig nødvendig [nöð'wendi]
November november [no'wembər]
Nudeln nudler ['nuðlər] *Pl.*
Nummer nummer ['numər] *n.*
nur kun [kun], **nur noch ... kun ... tilbage** [kun ... til'bää]
Nuss nød [nöð]

O

ob om [ɔm]
oben *(am oberen Ende)* oppe ['ɔpə], *(auf der Oberfläche)* ovenpå ['oənpou], **nach oben** opad ['ɔpað]
Obst frugt [frugt]
oder eller ['elər]
Ofen *(zum Backen)* ovn ['o:ən], *(zum Heizen)* komfur [kɔm'fur] *n.*
offen åben [oubən]
öffentlich offentlig ['ɔfəntli]
öffnen åbne [oubnə]
oft tit [tit], ofte ['ɔftə]
ohne uden ['uðən]
Ohr øre ['örə] *n.*
Oktober oktober [ɔk'tobər]
Öl olie ['oliə]
Onkel onkel ['ɔnkəl], *(Bruder der Mutter)* morbror ['morbror], *(Bruder des Vaters)* farbror ['farbror]
Oper opera ['opəra]
Optiker, **Optikerin** optiker ['ɔptikər]

Orange appelsin [apəl'si:n], **orange** [ɔ'rangschə]
Ordnung orden ['ordən], **in Ordnung** i orden [i 'ordən]
Öre *(dänische Münze (Hundertstel einer Krone))* øre ['örə]
Ort sted [steð] *n.*
Osten østen ['östən]
Österreich Østrig ['östri] *n.*
Österreicher, **Östereicherin** østriger ['östriər]
österreichisch østrigsk ['östrisk]
Ozean ocean ['oseän] *n.*

P

Paar par [pa] *n.*
Päckchen småpakke ['smɔpakə], **Päckchen Zigaretten** pakke cigaretter ['pakə siga'retər]
packen *(ergreifen)* gribe ['gri:bə] <greb, grebet>, *(einpacken)* pakke ['pakə]
Packung pakning ['pakning], *(Holzschachtel)* æske ['eskə]
Paket pakke ['pakə]
Palast palads [pa'las] *n.*
Panne uheld ['uhel] *n.*
Papier papir [pa'pir] *n.*, *(Ausweis usw.)* **Papiere** legitimationspapirer [legitimasi'onspapirər] *n. Pl.*
Parfum parfume [par'füm]
Park park [park]
parken parkere [par'kerə]
Parkplatz parkeringsplads [par'keringsplas]
Parlament parlament [parla'ment] *n.*

Partei *(in der Politik)* parti [par'ti] *n.*
Partner, Partnerin ♂ partner ['partnər], ♀ partnerske ['partnərskə]
Party party ['parti] *n.*, selskab ['selskäb] *n.*
Pass pas [pas] *n.*
Patient, Patientin patient [paschi'ent]
Pause pause ['pausə]
Pedal pedal [pe'däl]
Penis penis ['pe:nis]
Pension *(für Gäste)* pensionat [pangsio'nät] *n.*
Pfanne pande ['panə]
Pfeffer peber ['pebər] *n.*
Pfeife *(zum Rauchen)* pibe ['pi:bə], *(zur Erzeugung schriller Laute)* fløjte ['fləitə]
Pferd hest [hest]
Pflanze plante ['plantə]
Pfund pund [pun] *n.*
Pille pille ['pilə]
Pilz *(allgemein)* svamp [swamp], *(giftig)* paddehat ['pädəhat], *(essbar)* champignon ['schampinjɔng]
Pizza pizza ['pisa]
Plan *(Vorhaben)* plan [plän], *(Karte)* kort [kort] *n.*
Planschbecken soppebassin ['sɔpəbaseng] *n.*
Plastik *(Kunststoff)* plastic ['plastik] *n.*, *(Skulptur)* plastik ['plastik]
Platz plads [plas]
Plätzchen *(allgemein)* småkage ['smɔkäjə], *(Keks)* kiks [kiks]

plus plus [plus]
Polizei politi [pɔli'ti] *n.*
Polizeiwache politistation [pɔli'ti stasi'on]
Polizist, Polizistin politibetjent [pɔli'tibətjent]
Pollen blomsterstøv ['blɔmstərstöw] *n.*
Pommes frites pommes frites [pɔm frits]
Porto porto ['porto]
Post *(Briefe oder Päckchen)* post [pɔst], *(Filiale)* posthus ['pɔsthus] *n.*
Postkarte postkort ['pɔstkort] *n.*
Postleitzahl postnummer ['pɔstnumer] *n.*
Praxis praksis ['praksis]
Preis pris [pri:s]
preiswert prisen værd ['pri:sən wär]
probieren *(versuchen)* prøve ['pröwə], *(vorkosten)* smage ['smäə]
Problem problem [prɔ'ble:m] *n.*
Programm program [prɔ'gram] *n.*
Prospekt prospekt [prɔ'spekt] *n.*
Prost! Skål! ['skoul]
protestieren protestere [prɔtes'terə]
Prozent procent [pro'sent]
prüfen prøve ['pröwə]
Pullover pullover [pu'lowər]
Pumpe pumpe ['pumpə]
Punkt punkt [punkt] *n.*, *(Satzzeichen)* punktum ['punktum] *n.*
pünktlich punktlig ['punktli], præcis [prä'si:s]

Puppe dukke ['dukə]
putzen gøre rent ['görə re:nt] <gjorde, gjort>

Q

Quadratmeter kvadratmeter [kva'dra:tmätər]
Qualität kvalitet [kwali'tät]
Qualle *(allgemein)* gople ['gɔplə], *(harmlos)* vandmand ['wanman], *(brennend)* brandmand ['branman]
Quarantäne karantæne [karan'tänə]
Quittung kvittering [kvi'teriŋ]

R

Rabatt rabat [ra'bat]
Rad *(allgemein)* hjul [ju:l] *n.*, *(Fahrrad)* cykel ['sükəl], Rad fahren cykle ['süklə]
Radfahrer, **Radfahrerin** cyklist [sük'list]
Radio radio ['radio]
Radweg cykelsti ['sükəlsti:]
rasieren barbere [bar'berə]
Rasierer barbermaskine [bar'bermaskinə]
Rasierklinge barberblad [bar'berblað] *n.*
Rasierschaum barberskum [bar'berskum] *n.*
Ratte rotte ['rɔtə]
rauben røve ['röwə]
rauchen ryge ['rüə] <røg, røget>
Raucher, **Raucherin** *(Person)* ryger ['rüər], *(Abteil)* rygekupé ['rüəkupe:]

Raum *(allgemein)* rum [rum] *n.*, *(Zimmer)* værelse ['wärəlsə] *n.*, *(Platz)* plads [plas]
realistisch realistisk [rea'listisk]
Rebe vinranke ['wi:nrankə]
rechnen regne ['rainə]
Rechnung *(Buchhaltung)* regnskab ['rainskäb] *n.*, *(im Restaurant)* regning ['rainiŋ]
rechts *(auf der rechten Seite)* på den højre side [pɔu dən 'hɔirə 'si:ðə], *(nach rechts)* til højre [til 'hɔirə]
recyceln genbruge ['genbruə]
Regal reol [re'ol]
Regen regn [rain]
Regenmantel regnfrakke ['rainfrakə]
Regenschirm paraply [para'plü]
Regierung regering [re'geriŋ]
regnen regne ['rainə]
reich rig [ri], reich an rig på [ri pɔu]
Reifen dæk [dek] *n.*
rein ren [re:n]
rein... ... ind [in]
Reinigung *(Geschäft)* renseri [rense'ri] *n.*, *(Reinigung von Kleidern)* rensning ['rensniŋ], *(Saubermachen)* rengøring ['re:ngöriŋ]
Reis ris [ri:s]
Reise rejse ['raisə], Gute Reise! God rejse! [goð 'raisə]
Reisebüro rejsebureau ['raisəbüro] *n.*
Reiseführer *(Buch)* rejsehåndbog ['raisəhɔnbɔu]

Reiseführer, **Reiseführerin** *(Person)* rejseører ['raisəförər]
reisen rejse ['raisə]
Reisepass rejsepas ['raisəpas] *n.*
Reisescheck rejsecheck ['raisətschek]
Reißverschluss lynlås ['lünlous]
reiten ride ['ri:ðə] <red, redet>
Religion religion [religi'on]
Rennbahn væddeløbsbane ['weðəlöbsbänə]
Rentner, **Rentnerin** pensionist [pangsio'nist]
Reparatur reparation [reparasi'on]
reparieren reparere [repa'rerə]
reservieren reservere [reser'werə]
Reservierung reservering [reser'wering]
Reservierungsnummer reserveringsnummer [reser'weringsnumər] *n.*
Restaurant restaurant [resto'rang]
retten redde ['reðə]
Rettungsweste redningsvest ['reðningswest]
Rezept *(in der Küche)* opskrift ['ɔpskrift], *(vom Arzt verordnet)* recept [re'sept]
R-Gespräch telefonsamtale, hvor modtageren betaler [tele'fonsamtälə wor 'moðtäərən bə'tälər]
Richter, **Richterin** dommer ['dɔmər]
richtig rigtig ['rigti]
Richtung retning ['retning]
riechen lugte ['lugtə]
Rindfleisch oksekød ['ɔksəköð] *n.*

Rock *(Kleidungsstück)* nederdel ['neðərde:l]
roh rå [rou]
Rollstuhl kørestol ['körəsto:l]
Rolltreppe rulletrappe ['rulətrapə]
romantisch romantisk [ro'mantisk]
rosa rosa ['rosa]
Rose rose ['rosə]
Rosé rosé [ro'sä]
Rost *(oxidiertes Metall)* rust [rust], *(Grillrost)* rist [rist]
rot rød [röð]
Rotwein rødvin ['röðwi:n]
Route rute ['rutə]
Rücken ryg [rüg]
Rucksack rygsæk ['rügsek]
Ruder *(Schiffsteuer)* ror [ror] *n.*, *(Riemen)* åre ['ourə]
ruhig rolig ['roli]
Ruine ruin [ru'in]
rund rund [run]
rutschen *(ausrutschen)* glide ['gli:ðə] <gled, gledet>, *(Fahrzeug)* skride ['skri:ðə] <skred, skredet>, *((wie) auf einer Rutsche, abrutschen)* rutsche ['rutschə]

S

Safe *(Bankschließfach)* boks [bɔks], *(Geldschrank)* pengeskab ['pengəskäb] *n.*
Saft saft [saft]
Sahne fløde [flöðə]
Salat salat [sa'lät]
Salz salt [salt] *n.*
salzig saltet ['saltət]
Samstag lørdag ['lörda]
Sand sand [san] *n.*

Sandale sandal [sanˈdäl]
satt mæt [met]
Sattel sadel [ˈsaðəl]
Satz sætning [ˈsetning]
sauber ren [reːn]
sauer sur [sur]
Sauerstoffflasche *(für Taucher)* iltflaske [ˈiltflaskə]
Sauger *(für Babyfläschchen)* sut [sut]
Sauna sauna [ˈsau̯na]
Schal halstørklæde [ˈhalstörklæðə] n.
scharf *(Geschmack)* krydret [ˈkrüðrət], *(Klinge)* skarp [skarp]
Scheckkarte checkkort [ˈtschekkort] n.
Schein *(Banknote)* pengeseddel [ˈpeŋəseðəl], *(Anschein)* udseende [ˈuðseːənə] n.
scheinen *(Sonne)* skinne [ˈskinə], *(einen Eindruck erwecken)* se ud til [seː uð til] <så, set>
Schere saks [saks]
Schiff skib [skiːb] n.
Schild skilt [skilt] n., *(Wegweiser)* vejskilt [ˈwai̯skilt] n.
Schinken skinke [ˈskinkə]
schlafen sove [ˈsoːwə] <sov, sovet>
Schlafzimmer soveværelse [ˈsoːwəwärəlsə] n.
Schläger *(für Tennis, Federball, Tischtennis)* ketsjer [ˈketsjər], *(für Golf)* kølle [ˈkölə], *(für Baseball, Kricket)* boldtræ [ˈbɔlträ] n.
Schlange *(Tier)* slange [ˈslaŋə], *(wartende Menschen)* kø [köː]

schlank slank [slank]
Schlauch slange [ˈslaŋə]
schlecht *(Adjektiv: minderwertig oder verwerflich)* dårlig [ˈdou̯rli], *(Milch)* sur [sur], *(Fleisch)* rådden [ˈrɔðən], *(Adverb)* dårligt [ˈdou̯rlit], **Mir ist schlecht.** Jeg er utilpas. [jai̯ er ˈutilpas]
schließen lukke [ˈlukə]
Schließfach *(für Wertsachen)* boks [bɔks], *(für Gepäck)* vægskab [ˈwägskäb] n.
Schloss *(zum Abschließen)* lås [lou̯s], *(Gebäude)* slot [slɔt] n.
Schluss slutning [ˈslutning], **am/zum Schluss** til slut [til slut]
Schlüssel nøgle [ˈnɔi̯lə]
schmal smal [smal]
schmecken smage [ˈsmäə]
Schmerz smerte [ˈsmertə]
schmerzhaft smertefuld [ˈsmertəful]
Schmerzmittel smertestillende middel [ˈsmertəstilənə ˈmiðəl] n.
Schmetterling sommerfugl [ˈsɔmərfuːl]
schmutzig snavset [ˈsnau̯sət]
Schnaps snaps [snaps]
Schnecke snegl [snai̯l], *(ohne Häuschen)* agersnegl [ˈäjərsnai̯l]
Schnee sne [sneː]
schneiden *(mit einer Klinge)* skære [ˈskärə] <skar, skåret>
Schneider, Schneiderin ♂ skrædder [ˈskreðər], ♀ syerske [ˈsüerskə]
schnell hurtig [ˈhurti]
Schnorchel snorkel [ˈsnorkəl]

schnorcheln snorkle ['snorklə]
Schnuller narresut ['narəsut]
Schnürsenkel snørebånd ['snörəbɔn] *n.*
Schokolade chokolade [schɔkoläðə]
schon allerede ['alərɐðə]
schön *(gut aussehend)* køn [kön], *(gut gekleidert)* pæn [pä:n], *(angenehm)* skøn [skön], *(sehr attraktiv)* smuk [smuk]
Schönheitssalon skønhedssalon ['skönheðs sa'lɔng]
Schrank skab [skäb] *n.*, *(für Kleider)* klædeskab ['kläðəskäb] *n.*
schreiben skrive ['skri:wə] <skrev, skrevet>
schreien råbe ['rou̯bə], *(z. B. vor Schmerzen oder aus Angst)* skrige ['skri:ə] <skreg, skreget>
schriftlich skriftlig ['skriftli]
schüchtern genert ['schenert], frygtsom ['frügtsɔm]
Schuh sko [sko:]
Schuhgeschäft skotøjsforretning ['sko:tɔi̯sforetning]
schuldig skyldig ['sküldi]
Schule skole ['sko:lə]
Schulter skulder ['skulɐr]
Schuppe *(vom Fisch)* skæl [skel] *n.*
Schuppen *(im Haar)* skæl [skel] *n. Pl.*
Schüssel *(flach)* fad [fað] *n.*, *(tief)* skål [skou̯l], *(mit Deckel)* terrin [teri:n]
schützen beskytte [bə'skütə]
schwach svag [swä]

Schwager, Schwägerin ♂ svoger ['swou̯ɐr], ♀ svigerinde [swiə'rinə]
schwanger gravid [gra'wið], svanger ['swangɐr]
Schwangerschaftstest svangerskabsprøve ['swangɐrskäbspröwə]
schwarz sort [sort]
Schwarzbrot rugbrød ['rubröð] *n.*
Schwein svin ['swi:n] *n.*
Schweinefleisch svinekød ['swi:nəköð] *n.*
Schweiz Svejts [swai̯ts]
Schweizer, Schweizerin svejtser ['swai̯tsɐr]
Schweizer svejtsisk ['swai̯tsisk]
schweizerdeutsch svejtsertysk ['swai̯tsɐrtüsk]
schwer *(allgemein)* svær [swär], *(schwierig)* vanskelig ['wanskəli], *(von großem Gewicht)* tung [tung]
schwerhörig tunghør ['tunghör], *(höflicher)* høresvag ['höresswä]
Schwester *(Geschwisterteil)* søster ['söstɐr], *(Krankenschwester)* sygeplejerske ['süəplai̯ɐrskə]
Schwiegermutter svigermor ['swiɐrmor]
Schwiegervater svigerfar ['swiɐrfar]
Schwimmbad svømmebad ['swömɐbað] *n.*
schwimmen svømme ['swömə]
schwitzen svede ['sweðə]
schwul bøsse ['bösə]
See *(Meer)* hav [hau̯] *n.*, *(Binnengewässer)* sø [sö]

seekrank søsyg ['sösü]
Seeland *(dänische Insel, auf der Kopenhagen liegt)* Sjælland ['sjelan] *n.*
Seeländer, Seeländerin sjællænder ['sjelenər]
seeländisch sjællandsk ['sjelansk]
segeln sejle ['sailə]
sehen se [se:] <så, set>
sehr meget ['maiət]
Sehtest synsprøve ['sünspröwə]
Seide silke ['silkə]
Seife sæbe ['säbə]
Seil reb [re:b] *n.*, *(für Schiff usw.)* tov [tɔu] *n.*
Seilbahn tovbane ['tɔubänə]
sein være ['wärə] <var, været>, Ich bin gekommen. Jeg er kommet. [jai er kɔmət]
→*Kurzgrammatik S. 163*
sein, seine *(einem männlichen Subjekt zugeordnet)* sin [si:n], ○ sit [sit], Pl. sine ['si:nə], Er nimmt lieber sein (eigenes) Auto. Han tager hellere sin bil. [han tar 'helərə si:n bi:l], *(einem anderen Mann gehörend)* hans [hans], Er fährt nicht gern mit seinem Auto (dem Auto eines Freundes). Han kører ikke så gerne med hans bil. [han 'körər 'ikə sɔ 'gernə með hans bi:l], *(einem nicht-menschlichen Nomen zugeordnet)* dens [dens], ○ dets [des], Das Haus und sein Vorgarten sind sehr schön. Huset og dets forhave er meget kønne. [husət o des 'forhäwə er 'maiət 'könə]
→*Kurzgrammatik S. 159*
seit *(Zeitpunkt)* siden ['si:ðən], seit 2010 siden to tusind ti ['si:ðən to 'tusin ti], *(Zeitspanne)* i [i], seit drei Tagen i de sidste tre dage [i di 'sidstə tre: 'däjə]
Seite side ['si:ðə]
Sekt tysk champagne [tüsk scham'panjə]
Sekunde sekund [se'kund] *n.*
Selbstbedienung selvbetjening ['selbətjening]
Selbstversorger selvforsørger ['selforsörjər]
selten *(Adjektiv)* sjælden ['schelən], *(Adverb)* sjældent ['schelənt]
Semmel rundstykke ['runstükə] *n.*
senden *(verschicken)* sende ['senə], *(Rundfunk und Fernsehen)* udsende ['uðsenə]
Senf sennep ['senəp]
September september [sep'tembər]
Serviette serviet [serwi'et]
Sessel lænestol ['länəsto:l]
Sex sex [seks]
Shampoo shampoo [scham'pu]
Show show [scho:] *n.*
sich sig [sai]
sicher sikker ['sikər]
Sicherheitsgurt sikkerhedssele ['sikərheðsse:lə]
sie *(Singular)* hun [hun], *(Plural)* de [di] →*Kurzgrammatik S. 158*
Sie De [di] →*Kurzgrammatik S. 158*
Silber sølv [sölw] *n.*

Silvester nytårsaften ['nütoursaftən]
singen synge ['süŋə] <sang, sungət>
Sitz sæde ['sädə]
sitzen sidde ['siðə] <sad, siddət>
Skateboard skateboard ['skätbord] *n.*
Ski ski [ski]
Skilift skitræk ['skitrek] *n.*
Skipass skipas ['skipas] *n.*
Skischuh skistøvle ['skistöulə]
Skistock skistav ['skistäw]
Skulptur skulptur [skulp'tur]
Slipeinlage hygiejnebind [hügi'ainebin] *n.*
Snowboard snowboard ['sno:bord] *n.*
so *(auf diese Art und Weise)* sådan ['sɔdan], *(vor einem Adjektiv)* så [sɔ], so schön/teuer så køn/dyr [sɔ kön/dür]
Socke sok [sɔk]
Sofa sofa ['sofa]
sofort straks [straks]
Sohn søn [sön]
Sojabohne sojabønne ['sojabönə]
Sojamilch sojamælk ['sojamelk]
Soldat, Soldatin soldat [sɔl'dät]
sollen skulle ['skulə] <skulle, skullət>, Ich soll ... Jeg skal ... [jai skal]
Sommer sommer ['sɔmər]
Sonne sol [so:l]
Sonnenbrand solskoldning ['so:lskɔlning]
Sonnenstich solstik ['so:lstik] *n.*

Sonnenuntergang solnedgang ['so:lneðgang]
sonnig solrig ['so:lri]
Sonntag søndag ['söndа]
sorgen bekymre [bə'kümrə], sich (um etw./jdn) sorgen bekymre sig (om noget/nogen) [bə'kümrə sai ɔm nouət 'nouən], für etw./jdn sorgen sørge for noget/nogen ['sörjə for 'nouət/'nouən]
Soße sovs [souws]
Souvenir souvenir [suwə'nir]
sowohl ... als auch ... både ... og ... ['bouðə ... o]
sparen spare ['sparə]
Spaß sjov [schio], Das macht Spaß. Det er sjovt. [dä er schiot], Viel Spaß! God fornøjelse! [goð for'nɔiəlsə]
spät sen [se:n]
später senere ['se:nərə]
Spaziergang spadseretur ['spasertur]
Speck flæsk [fläsk] *n.*
Speisekarte spisekort ['spi:səkort] *n.*
Speisewagen spisevogn ['spi:səvoun]
Spezialist, Spezialistin specialist [spesia'list]
Spezialität specialitet [spesiali'tät]
Spiegel spejl [spail] *n.*
Spiegelei spejlæg ['spaileg] *n.*
spielen *(sich die Zeit vertreiben)* lege ['laijə], *(Sport oder Instrument)* spille ['spilə]
Spielkasino kasino [ka'si:no] *n.*

Spielregeln spilleregler ['spilərälər] Pl.
Spinat spinat [spi'nät]
Spinne edderkop ['eðarkɔp]
Spirituosen spiritus ['spiritus]
Spitzname øgenavn ['öjənaun] n.
Sport sport [sport], idræt ['idret]
Sportgeschäft sportsforretning [sportsfor'retning]
Sportler, Sportlerin ♂ sportsmand ['sportsman], ♀ sportspige ['sportspijə]
Sprache sprog [spro:] n.
sprechen tale ['tälə]
Sprechstunde konsultationstid [kɔnsultasi'onstið]
springen springe ['springə] <sprang, sprungen>
Spritze indsprøjtning ['insprɔitning]
Spur (einer Straße) spor [spor] n.
Staatsangehörigkeit statsborgerskab ['státsborjərskäb] n.
Stadion stadion ['städiɔn] n.
Stadt by [bü]
Stadtmauer bymur ['bümur]
Stadtrundfahrt byrundfart ['bürunfart]
Stadtzentrum bycenter ['büsentər] n.
stark stærk [stärk]
Starthilfekabel starthjælpekabel ['startjelpəkäbəl] n.
Statue statue ['stätuə]
stechen (mit Stachel oder Messer) stikke ['stikə] <stak, stukket>, (mit Rüssel) bide ['biðə] <bed, bidt>

Stecknadel knappenål ['knapənoul]
stehen stå [stou] <stod, stået>
stehlen stjæle ['stje:lə] <stjal, stjålet>
Steigbügel stigbøjle ['stibɔilə]
steigen (in die Luft, Höhe (auch fig.)) stige ['sti:ə] <steg, steget>, (auf einen Berg oder Baum) auf etw. steigen klatre op ad noget ['klatrə ɔp a 'nouət]
steil stejl [stail]
Steilküste klint [klint]
Stein sten [ste:n]
Stelle (Arbeitsplatz) stilling ['stiling], (Ort) sted [steð] n.
stellen stille ['stilə]
sterben dø [dö] <døde, død>
Stiefel støvle ['stöulə]
Stimme stemme ['stemə]
Stockwerk etage [ä'täschə], im ersten Stock på første sal [pou 'förstə säl]
stornieren annullere [anu'lerə]
Stornierungsgebühr annulleringsgebyr [anu'leringsgəbür] n.
Strand strand [stran]
Straße gade ['gäðə], (außerhalb der Stadt) vej [vai]
Straßenbahn sporvogn ['sporvoun]
Streifen stribe ['stri:bə]
Strom (Elektrizität) strøm [ström], (Gewässer) flod [flo:ð]
Strömung strømning ['strömning]
Strumpf strømpe ['strömpə]
Stück stykke ['stükə] n., (Scheibe) skive ['ski:wə]

Student, Studentin studerende [stu'derənə]
Stuhl stol [sto:l]
Stunde time ['ti:mə], eine viertel Stunde et kvarter [et kwar'ter]
Sturm storm [storm]
suchen søge ['söə], nach etw. suchen søge efter noget ['söə 'eftər 'nouət]
Süden syd [süd]
Supermarkt supermarked ['supərmarkəð] *n.*
Suppe suppe ['supə]
Suppenlöffel *(um Suppe damit zu essen)* suppeske ['supəske:], *(Kelle)* potageske [po'tä:schəske:]
süß sød [söð]
Süßstoff sødestof ['söðəstɔf] *n.*

T

Tabak tobak [tɔ'bak]
Tag dag [dä], Guten Tag! Goddag! [gɔ'dä]
Tagebuch dagbog ['daubo:]
Tagessuppe dagens suppe ['däəns 'supə]
täglich daglig ['dauli]
tagsüber om dagen [ɔm 'däən]
Tal dal [däəl]
Tampon tampon [tam'poŋ]
Tanga tanga ['taŋga]
Tank tank [tank]
tanken tanke ['tankə]
Tankstelle tankstation ['tankstasion]
Tante tante ['tantə]
Tanz dans [dans]
tanzen danse ['dansə]

Tasche taske ['taskə], *(an einem Kleidungsstück)* lomme ['lɔmə]
Taschenmesser lommekniv ['lɔməkniu]
Taschenrechner lommeregner ['lɔmərainər]
Taschentuch lommetørklæde ['lɔmətörklädə] *n.*, *(Papiertaschentuch)* papirslommetørklæde ['papirslɔmətörklädə] *n.*
Tasse kop [kɔp], *(Becher)* krus [krus] *n.*
Tastatur tastatur [tasta'tur] *n.*
taub døv [döw]
tauchen dykke ['dükə]
Taucherausrüstung dykkerudstyr ['dükəruðstür] *n.*
Taucherbrille dykkerbriller ['dükərbrilər] *Pl.*
Taxi taxa ['taksa], taxi ['taksi]
Taxifahrer, Taxifahrerin taxachauffør ['taksaschoför]
Technik teknik ['teknik]
Tee te [te:]
Teelöffel teske ['te:ske:]
Teig dej [dai]
Teil del [de:l]
teilen dele ['de:lə]
Teilzeit... deltids ... [de:ltiðs]
Telefon telefon [tele'fon]
Telefonbuch telefonbog [tele'fonbo:]
telefonieren telefonere [telefɔ'nerə], Ich muss dringend telefonieren. Det haster for mig at telefonere. [dä hastər for mai at telefɔ'nerə]

Telefonkarte telefonkort [teleˈfɔnkort] n.
Telefonnummer telefonnummer [teleˈfɔnnumər] n.
Telefonzelle telefonboks [teleˈfɔnbɔks]
Teller tallerken [taˈlerkən]
Tennisplatz tennisbane [ˈtenisbänə]
Teppich tæppe [ˈtepə] n.
Termin termin [terˈmiːn], *(für ein Treffen)* aftale [ˈautälə]
Tetanus stivkrampe [ˈstiwkrampə]
teuer dyr [dür]
Theater teater [teˈätər] n.
Theaterstück teaterstykke [teˈätərstükə] n.
Ticket billet [biˈlet]
Tier dyr [dür] n.
Tisch bord [bor] n.
Tischtennis bordtennis [ˈbortenis]
Titel *(eines Buchs)* titel [ˈtitəl]
Tochter datter [ˈdatər]
Tofu tofu [tɔˈfu]
Toilette toilet [toiˈlet] n.
Toilettenpapier toiletpapir [toiˈletpapir] n.
Tollwut hundegalskab [ˈhunəgalskäb]
Tomate tomat [tɔmät]
Topf *(Keramikbehälter)* potte [ˈpɔtə], *(Kochtopf)* gryde [ˈgrüðə]
Töpferwaren pottemagervarer [ˈpɔtəmäjərwarər] Pl.
Tor *(beim Fußball)* mål [mou̯l] n., *(Einfahrt)* port [port], *(Garteneingang)* låge [ˈlou̯ə]
Torte lagkage [ˈlau̯käjə]

tot død [döð]
Touristeninformation turistinformation [tuˈristinformasion]
tragen bære [ˈbärə] <bar, båret>
Transport transport [ˈtransport]
Traube vindrue [ˈwiːndruə]
treffen *(eine Person)* træffe [ˈtrefə] <traf, truffet>, møde [ˈmöðə], Wir treffen uns am Flughafen. Vi mødes ved lufthavnen. [wi ˈmöðəs weð ˈlufthau̯nən]
Treppe trappe [ˈtrapə]
trinken drikke [ˈdrikə] <drak, drukket>
Trinkgeld drikkepenge [ˈdrikəpengə] Pl.
Trinkwasser drikkevand [ˈdrikəwan] n.
trocknen tørre [ˈtörə]
Tuch klæde [ˈklädə] n.
tun gøre [ˈgörə] <gjorde, gjort>, Ich tue das gern. Jeg synes om at gøre det. [jai̯ ˈsünəs ɔm at ˈgörə dä]
Tür dør [dör]
Turm tårn [tou̯rn] n.
Tüte pose [ˈpoːsə]

U

U-Bahn metro [ˈmätro]
Übelkeit kvalme [ˈkwalmə]
über over [ˈou̯ər], im Zimmer über uns i værelset over os [i ˈwärəlsət ˈou̯ər ɔs], Temperaturen über 30° temperaturer over tredive grader [temperaˈturər ˈou̯ər ˈträðwə graðər], *(sich beziehend*

auf) om [ɔm], ein Buch über ... en bog om ... [eːn boṷ ɔm]
Überdosis overdosis ['oṷərdoːsis]
überfallen *(gewaltsam angreifen)* overfalde ['oṷərfalə], *(um zu rauben)* røve ['röwə]
übermorgen overmorgen ['oṷərmorən]
Übernachtungsmöglichkeit overnatningsmulighed ['oṷərnatningsmuliheð]
überraschen overraske ['oṷərraskə]
übersetzen oversætte ['oṷərsetə] <oversatte, oversat>
Übersetzer, Übersetzerin oversætter ['oṷərsetər]
überweisen overføre ['oṷərförə]
Überweisung overførsel ['oṷərförsəl]
Uhr ur [ur] *n.*, *(Armbanduhr)* armbåndsur ['armbɔnsur] *n.*, zehn Uhr klokken ti ['klɔkən ti]
Uhrzeit klokkeslæt ['klɔkəslet] *n.*
um *(Absicht)* for [for], um zu testen for at prøve [for at 'pröwə], *(räumlich)* omkring ['ɔmkring], Wir fahren um die Stadt herum. Vi kører omkring byen. [wi 'körər 'ɔmkring 'büən], *(zeitlich)* på [poṷ], um diese Zeit på det tidspunkt [poṷ dä 'tiðspunkt], *(Uhrzeit)* klokken ['klɔkən], um drei Uhr klokken tre ['klɔkən träː], *(Bitte)* om [ɔm], Darf ich um eine Tasse Tee bitten? Må jeg bede om en kop te? [moṷ jai beː ɔm eːn kɔp teː]

umsteigen stige om ['stiə ɔm] <steg, steget>, in etw. umsteigen skifte til noget ['skiftə til 'noṷət]
umtauschen bytte ['bütə]
umziehen flytte ['flütə]
und og [o]
Unfall uheld ['uhel] *n.*
ungefähr *(kurz vor einer Uhrzeit)* omtrent ['ɔmtrent]
uns os [ɔs]
unser, unsere vores ['worəs], *(förmlicher)* vor [wor], o vort [wort], Pl. vore ['worə]
→*Kurzgrammatik S. 159*
unten nede ['neðə], nach unten nedad ['neðað]
unter *(räumlich)* under ['unər]
Unterbringung indlogering [inlo'schering]
Untergeschoss kælderetage ['kelərətäschə]
Unterhemd undertrøje ['unərtrɔijə]
Unterhose underbukser ['unərbuksər] Pl.
Unterricht undervisning ['unərwiːsning]
unterrichten undervise ['unərwiːsə]
unterschreiben underskrive ['unərskriːwə] <underskrev, underskrevet>
Unterschrift underskrift ['unərskrift]
Untertasse underkop ['unərkɔp]
Urlaub ferie ['feriə]
USB-Kabel USB-kabel [u es bä 'käbəl] *n.*

V

Vagina skede ['ske:ðə]
Vater far [far]
Vegetarier, Vegetarierin vegetarianer [wege'tariänər]
vegetarisch vegetarisk [wege'tarisk]
verbinden forbinde [for'binə] <forbandt, forbundet>
verboten forbudt [for'but]
verdienen tjene ['tje:nə]
vergessen glemme ['glemə]
vergewaltigen voldtage ['wɔltäjə] <voldtog, voldtaget>
verheiratet gift [gift]
Verkehr færdsel ['färsəl]
Verkehrsmittel trafikmiddel [tra'fikmiðəl] *n.*, öffentliche Verkehrsmittel offentlige transportmidler ['ɔfentliə trans'portmiðlər] *n. Pl.*
Verletzung skade ['skäðə]
verlieren tabe ['täbə], *(auch figurativ)* miste ['mistə]
Verlobter, Verlobte forlovede [for'lo:wəðə]
Vermieter, Vermieterin udlejer ['uðlajər]
verrückt *(unsinnig)* tosset ['tɔsət], *(geistlich verwirrt)* forrykt [for'rükt], *(wahnsinnig)* gal [gäl]
Versichertenkarte forsikringskort [for'sikringskort] *n.*
Versicherung forsikring [for'sikring]
verspätet forsinket [for'sinkət]

verstehen forstå [for'stou] <forstod, forstået>
verstopft *(Abfluss, Toilette)* forstoppet [for'stɔpət]
Verstopfung *(gestörte Verdauung)* forstoppelse [for'stɔpəlsə]
versuchen forsøge [for'söə]
Vertrag kontrakt [kɔn'trakt]
verwitwet enke ['enkə]
viel megen ['majən], o meget ['majət], zu viel for meget [for 'majət]
viele mange ['mangə]
vielleicht måske [mou'ske:]
viertel kvart [kwart], viertel vor/nach eins kvart i/over et [kwart i/'ouər et]
Viertel *(vierter Teil von etw.)* fjerdedel ['fjerədə:l]
Vierteljahr kvartal [kwartäl] *n.*
Visum visum ['wisum] *n.*
voll fuld [ful]
voller fuld af [ful a]
Vollpension helpension ['hälpansion]
Vollwertkost helsekost ['helsəkɔst]
Vollzeit... heltids... ['hältiðs]
von fra [fra], von Süden fra syd [fra süð], eine Nachricht von meinem Reiseleiter en meddelelse fra min rejseleder [e:n 'meðde:ləlsə fra mi:n 'rajsələ:ðər]
vor *(räumlich)* foran [for'an], *(zeitlich)* for ... siden [for ... 'siðən], vor zehn Minuten for ti minutter siden [for ti mi'nutər 'siðən]
vorgestern i forgårs [i 'forgours]

Vormittag formiddag ['formidä]
vormittags om formiddagen [ɔm 'formidäən]
vorne forude [for'uðə], nach vorne forud ['foruð]
Vorname fornavn ['fornaun] *n.*
Vorort forstad ['forstað]
Vorsicht forsigtighed [for'sigtiheð], Vorsicht! Pas på! [pas pou]
vorsichtig forsigtig [for'sigti]
Vorspeise forret [for'ret]
vorziehen foretrække ['forətrekə] <foretrak, foretrukket>

W

wachsen vokse ['wɔksə]
wählen vælge ['weljə] <valgte, valgt>
wahr sand [san], Nicht wahr? Ikke sandt? ['ike sant]
Währung *(banktechnisch)* valuta [wa'luta]
Wald skov [skou]
Wand væg [wäg]
wandern vandre ['wandrə]
wann hvornår [wor'nour]
warm varm [warm]
warnen advare [að'warə]
warten vente ['wentə]
Wartezimmer venteværelse ['wentəwärəlsə] *n.*
warum hvorfor [wor'for]
was hvad [wað]
Wäscherei vaskeri [waskə'ri:] *n.*
Waschmaschine vaskemaskine ['waskəmaski:nə]
Wasser vand [wan] *n.*

wasserdicht vandtæt ['wantet]
Wasserfall vandfald ['wanfal] *n.*
Wasserhahn vandhane ['wanhänə]
Wechselgeld vekselpenge ['weksəlpengə] *Pl.*
Wechselkurs vekselkurs ['weksəlkurs]
wechseln *(in eine andere Währung)* veksle ['wekslə], *(in Kleingeld)* bytte ['bütə]
Wecker vækkeur ['wekəur] *n.*
weg væk [wek]
Weg vej [waĭ], *(Pfad)* sti [sti:]
wehtun gøre ondt ['görə ɔnt] <gjorde ondt, gjort ondt>
weiblich kvindelig ['kwinəli], *(grammatikalisch)* hunkøn ['hunkön] *n.*
Weihnachten jul [ju:l], Frohe Weihnachten! Glædelig jul! ['glädəli jul]
Wein vin [wi:n]
Weinstock vinstok ['wi:nstɔk]
weiß hvid [wið]
Weißwein hvidvin ['wiðwi:n]
wenig, wenige *(vor unzählbarem Nomen)* lidt [lit], *(vor zählbarem Nomen)* få [fou]
weniger *(vor unzählbarem Nomen)* mindre ['mindrə], *(vor zählbaren Nomen)* færre ['färə]
wer hvem [wem]
Werkstatt værksted ['werksteð] *n.*
Wertsachen værdisager [wer'disäər] *Pl.*
wertvoll verdifuld [wer'diful]
wessen hvis [wis]

Westen vest [west]
Wickelraum puslerum ['puslərum] n.
Wiedersehen gensyn ['gensyn], Wiedersehen! Farvel! [far'wel] n., (umgangssprachlich) Hej hej! [ha͟i ha͟i], (förmlicher) Auf Wiedersehen! På gensyn! [po͟u 'gensün]
Wiese eng [e̱ng]
Wind vind [win]
Windel ble [ble:]
windig blæsende ['blæsənə]
Windschutzscheibe vindspejl ['winspa͟il] n.
Winter vinter ['wintər]
wir vi [wi]
wissen vide ['wiðə] <vidste, vidst>, Ich weiß es nicht. Jeg ved det ikke. [ja͟i weð dä 'ikə]
wo hvor [wor]
Woche uge ['uə]
Wochenende weekend ['wi:kend]
wohnen bo [bo]
Wohnung lejlighed ['la͟iliheð]
Wohnmobil autocamper ['a͟utokampər]
Wohnwagen campingvogn ['kampingvo͟un]
Wohnzimmer dagligstue ['da͟ulistuə]
wollen ville ['wilə] <ville, villet>, Ich will es nicht. Jeg vil det ikke. [ja͟i wil dä 'ikə]
Wort ord [or] n.
Wörterbuch ordbog ['orbo͟u]
wunderbar vidunderlig [wið'unərli]
Wurst pølse ['pölsə]
Wüste ørken ['örkən]

Z

Zahl tal [tal] n.
zahlen betale [bə'tälə]
Zahlung betaling [bə'täling]
Zahlungsweise betalingsmåde [bə'tälingsmo͟uðə]
Zahn tand [tan]
Zahnbürste tandbørste ['tanbörstə]
Zahnpasta tandpasta ['tanpasta]
Zahnstocher tandstik ['tanstik]
Zange tang [ta̱ng]
Zeh tå [to͟u]
Zeit tid [tið], in letzter Zeit for nylig [for 'nyli]
Zeitschrift tidsskrift ['tiðskrift] n.
Zeitung avis [a'wi:s]
Zelt telt [telt] n.
zelten telte ['teltə], kampere [kam'perə]
Zeltplatz campingplads ['kampingplas]
Zentimeter centimeter ['sentimätər]
zentral central [sen'tral]
Zentrum centrum ['sentrum] n.
Ziege ged [geð]
Zigarette cigaret [siga'ret]
Zigarre cigar [si'gar]
Zimmer værelse ['wärəlsə] n.
Zimmernummer værelsesnummer ['wärəlsəsnumər] n.
Zitrone citron [si'tro:n]
Zoll (Behörde) toldvæsen ['tɔlwäsən] n., (Abgabe) told [tɔl]

zu *(Präposition: vor Infinitiven)* at [at], *(zu einem personifizierten Ziel)* til [til], Ich gehe zum Bäcker. Jeg går til bageren. [jai gou̯r til 'bäjərən], *(zu einem Ort, Geschäft)* i [i], Ich gehe zur Bäckerei. Jeg går i bageriet. [jai gou̯r i 'bäjəriət], *(Adverb: geschlossen)* lukket ['lukət], *(verschlossen)* låset ['lou̯sət]
Zucker sukker ['sukər] *n.*
zuckerfrei sukkerfri ['sukərfri]
zufrieden tilfreds [til'fres]
Zug tog [tou̯] *n.*
Zügel tømme ['tömə]
Zündkerze tændrør ['tenrör] *n.*
zurück tilbage [til'bäə], *(rückwärts)* baglæns ['bau̯lens]
zurückgeben give tilbage ['giwə til'bäə] <gav, givet>
zurückkehren vende tilbage ['wenə til'bäə]
zusammen *(gemeinsam)* sammen ['samən], *(insgesamt)* i alt [i alt]
zustimmen *(einverstanden sein)* være enig om noget ['wärə 'e:ni ɔm 'nou̯ət] <var, været>, Ich stimme dem zu. Jeg er indforstået med det. [jai er 'inforstou̯ət með dä]
Zwiebel løg [lɔi̯] *n.*
zwischen mellem ['meləm]

Dänisch–Deutsch

A

absolut [absɔ'luːt] absolut
adapter [a'daptər] Adapter
addere [a'deːrə] addieren
adresse [a'dresə] Adresse
advare [að'waːrə] warnen
affald ['a̯ufal] n. Müll
afgang ['a̯ugaŋg] Abfahrt, Abflug
afsender ['a̯usenər] Absender, Absenderin
aftale ['a̯utäːlə] Termin
aften ['aftən] Abend, om aftenen [ɔm 'aftənən] abends
aftensmad ['aftənsmað] Abendessen
aftryk ['a̯utrük] n. (Kopie auf Papier) Ausdruck
aftrykke ['a̯utrükə] (auf Papier kopieren) ausdrucken, Vil du godt trykke det af? [wil du gɔt 'trükə dä ä] Können Sie das bitte ausdrucken?
agersnegl ['äjərsna̯il] (ohne Häuschen) (Nackt)schnecke
agurk [a'gurk] Gurke
aids [äds] Aids
akkumulator [akumu'läːtor] Akku
akkurat [aku'raːt] genau
alder ['alər] Alter
aldrig ['aldri] nie, aldrig igen/mere ['aldri i'gen/'meːrə] nie wieder/mehr
alene [a'leːnə] allein
alkohol ['alkɔhol] Alkohol
alkoholfri ['alkɔholfri] alkoholfrei
alle ['alə] alle
allerede [aləreðə] schon
allergi [aler'giː] Allergie
alt [alt] alles, i alt [i alt] insgesamt
altan [al'tän] Balkon
altid ['altið] immer
altså ['alsə] also
ambulance [ambu'laŋsə] Krankenwagen
anbefale ['anbəfäːlə] empfehlen
anden ['anən], o **andet** ['anət] anderer, andere, anderes
anderledes ['anərleðəs] anders
ankel ['ankəl] Knöchel
ankomme ['ankɔmə] <ankom, ankommet> ankommen
ankomst ['ankɔmst] Ankunft
anmeldelse ['anmeləlsə] Strafanzeige
anmodning ['anmoðniŋg] Bitte
annonce [a'noŋgsə] Anzeige, Annonce
annullere [anu'leːrə] stornieren
annulleringsgebyr [anu'leriŋgsgəbür] n. Stornierungsgebühr
ansigt ['ansigt] n. Gesicht
ansøgning ['ansöniŋg] Antrag
antibiotika [antibi'otika] Antibiotika
apotek [apo'täk] n. Apotheke
appelsin [apəl'siːn] Orange
april [a'pril] April
arbejde ['arba̯idə] n. Arbeit

arbejde ['arbaidə] arbeiten
arbejdstilladelse ['arbaidstilæðəlsə] Arbeitserlaubnis
arm [arm] Arm
armbåndsur ['armbɔnsur] *n.* Armbanduhr
askebæger ['askəbäjər] *n.* Aschenbecher
at [at] *(leitet Nebensätze ein)* dass, *(Präposition vor Infinitiven)* zu
august [au'gust] August
autocamper ['autokampər] Wohnmobil
automat ['autəmät] Automat
automatisk [auto'mätisk] automatisch
avis [a'wi:s] Zeitung

B

baby ['bäbi] Baby
babymad ['bäbimað] Babynahrung
babypudder ['bäbipuðər] *n.* Babypuder
bad [bað] *n.* Bad
bade ['bäðə] baden
badekar ['bäðəkar] *n.* Badewanne
bag [bä] hinter
bagage [ba'gä:sche] Gepäck
bagagerum [ba'gä:schərum] *n.* Kofferraum
bager ['bäjər] Bäcker, Bäckerin
bageri [bäjə'ri] *n.* Bäckerei
baglæns ['baulens] zurück
bagpå ['bäpou] hinten, auf der Rückseite
bagved ['bäweð] hinten
balkon [bal'kɔng] *(im Theater)* Rang, 2. balkon ['anən bal'kɔng] Balkon
banan [ba'nän] Banane
banegård ['bänəgour] Bahnhof
bank [bank] *(Finanzinstitut)* Bank
bankidentifikationskode ['bankidentifikasionskoðə] Bankleitzahl
barberblad [bar'berblað] *n.* Rasierklinge
barbere [bar'berə] rasieren
barbermaskine [bar'berməskinə] Rasierer
barberskum [bar'berskum] *n.* Rasierschaum
barm [barm] Busen
barn [barn] *n.* Kind
barnestol ['barnəstoːl] Kinderstuhl, høj barnestol [hɔi 'barnəstoːl] Hochstuhl
barnevogn ['barnəwoun] Kinderwagen
batteri [batə'ri] *n.* Batterie
bede ['be:ðə] <bad, bedt> bitten
bedrageri [bədrauə'ri] *n.* Betrug
bedre ['beðrə] besser
bedring ['beðring] Besserung, God bedring! [goð 'beðring] Gute Besserung!
bedstefar ['bestəfar] Großvater
bedsteforældre ['bestə for'eldrə] *Pl.* Großeltern
bedstemor ['bestəmor] Großmutter
begge ['begə] beide
begynde [bə'günə] anfangen

begyndelse ['bəgünəlsə] Anfang
behage ['bəhäjə] gefallen, Hvad behager? [wað bə'har] Wie bitte?
beholde [bə'hɔlə] behalten
bekræfte [bə'kreftə] bestätigen
bekræftelse [bə'kreftəlsə] Bestätigung
ben [be:n] *n.* Bein
beskytte [bə'skütə] schützen
bestille [bə'stilə] *(Speisen oder Getränke)* bestellen, *(Zimmer)* buchen, *(Eintrittskarten)* reservieren
bestilling [bə'stiliŋ] *(Speisen und Getränke)* Bestellung, *(Zimmer)* Buchung, *(Eintrittskarten)* Reservierung
besøge [bə'söə] besuchen, besichtigen
betale [bə'tälə] bezahlen, zahlen
betaling [bə'täliŋ] Zahlung
betalingsmåde [bə'täliŋsmou̯ðə] Zahlungsweise
betyde [bə'tüðə] <betød, betydet> bedeuten
bide ['biðə] <bed, bidt> *(allgemein)* beißen, *(Insektstich)* stechen
bil [bi:l] Auto
billede ['biləðə] *n.* Bild
billet [bi'let] Fahrkarte, Ticket
billetautomat [bi'letau̯tomät] Fahrkartenautomat
billig ['bili] billig
biograf [bio'gra:f] Kino
bitter ['bitər] bitter
bjerg [bjeau̯] *n.* Berg
bjergkæde ['bjeau̯käðə] Gebirge

blad [blað] *n.* Blatt
blande ['blanə] mischen
ble [ble:] Windel
blind [blin] blind
blive ['bliwɛ] <blev, blevet> bleiben
blod [bloð] *n.* Blut
blomst ['blɔmst] Blume
blomsterforretning ['blɔmstərforetniŋ] Blumenladen
blomsterstøv ['blɔmstərstöw] *n.* Pollen
bluse ['blusə] Bluse
blyant ['blüant] Bleistift
blyantspidser ['blüantspisər] Anspitzer
blyfri ['blüfri] bleifrei
blære ['blärə] *(Organ)* Blase
blæsende ['bläsənə] windig
blå [blou̯] blau
bo [bo] wohnen
boble ['bɔblə] *(Luftansammlung)* Blase
bog [bou̯] Buch
bogstav ['bou̯stäw] *n.* Buchstabe
boks [bɔks] Safe, Schließfach
bold [bɔlt] Ball
boldtræ ['bɔlträ] *n. (beim Baseball oder Kricket)* Schläger
bolig ['boli] Wohnsitz
bord [bor] *n.* Tisch
bordtennis ['bortenis] Tischtennis
brandmand ['branman] Feuerwehrmann, Qualle
bred [breð] breit
bredde ['breðə] Breite
bremse ['bremsə] *(Teil eines Fahrzeugs, Stechfliege)* Bremse

bremse ['bremsə] bremsen
brev [breu] *n.* Brief
bringe ['bringə] <bragte, bragt> bringen, bringe med ['bringə með] mitbringen
bronkitis [brɔn'kitis] Bronchitis
bror [bror] Bruder
bruge ['bruə] benutzen
brun [bru:n] braun
bruser ['brusər] Dusche
bryst [brüst] *n.* Brust
brød [bröð] *n.* Brot
bugt [bugt] Bucht
bukser ['buksər] *Pl.* Hose
bus [bus] Bus
busstation ['busstasion] Busbahnhof
busstoppested ['busstɔpəsteð] *n.* Bushaltestelle
butterdej ['butərdai] Blätterteig
by [bü] Stadt
bycenter ['büsentər] *n.* Stadtzentrum
bygning ['bügning] Gebäude
bymur ['bümur] Stadtmauer
byrundfart ['bürunfart] Stadtrundfahrt
bytte ['bütə] umtauschen, wechseln
bæk [bek] Bach
bænk [benk] *(Sitzmöbel)* Bank
bære ['bärə] <bar, båret> tragen
bøde ['böðə] Bußgeld
børnebassin ['börnəbaseng] *n.* Kinderbecken
børnehave ['börnəhäwə] Kindergarten
børnevenlig ['börnəwenli] kinderfreundlich
bøsse ['bösə] schwul
båd [boµð] Boot
bånd [bɔn] *n. (für den Hund)* Leine, *(für Packungen)* Schnur

C

café [ka'fä] Café
campingplads ['kampingplas] Campingplatz
campingvogn ['kampingvoun] Wohnwagen
CD [sä dä] CD
cent [sent] Cent
centimeter ['sentimätər] Zentimeter
central [sen'tral] zentral
centrum ['sentrum] *n.* Zentrum
champagne [scham'panjə] Champagner, tysk champagne [tüsk scham'panjə] Sekt
champignon ['schampinjɔng] (Speise)pilz
chance ['schangsə] Chance
chauffør [scho'för] Fahrer, Fahrerin
checkkort ['tschekkort] *n.* Scheckkarte
chef [schäf] Chef, Chefin
chokolade [schɔkoläðə] Schokolade
cigar [si'gar] Zigarre
cigaret [siga'ret] Zigarette
citron [si'tro:n] Zitrone
citronvand [si'tronwan] Limonade
cola ['kola] Cola
computer [kɔm'piutər] Computer

creme [kräm] Creme
cykel ['sükəl] Fahrrad
cykelsti ['sükəlsti:] Radweg
cyklist [sük'list] Radfahrer, Radfahrerin

D

da [da] *(bestimmter Zeitpunkt in der Vergangenheit)* als, Da jeg gik i skole ... [da jai̯ gik i 'skolə] Als ich zur Schule ging, ..., *(Begründung)* weil, Da vi ikke har nogen penge, ... [da wi 'ikə har 'nou̯ən 'peŋgə] Weil wir kein Geld haben, ..., *(als Füllwort)* da, Da har jeg ingen tvivl. [da har jai̯ 'iŋgən 'twiwl] Da habe ich keine Bedenken.
dag [dä] Tag, i dag [i dä] heute, om dagen [ɔm 'däən] tagsüber
dagbog ['dau̯bo:] Tagebuch
daglig ['dau̯li] täglich
dagligstue ['dau̯listuə] Wohnzimmer
dal [däl] Tal
dame ['dämə] Dame
Damer ['dämər] *(als Aufschrift)* Damentoilette
Danmark ['danmark] *n.* Dänemark
dans [dans] Tanz
danse ['dansə] tanzen
dansk [dansk] dänisch
dansker ['danskər] Däne, Dänin
dato ['däto] Datum
datter ['datər] Tochter
de [di] *(Personalpronomen: 3. Person Plural)* sie

De [di] *(Personalpronomen: Höflichkeitsform)* Sie
december [dä'sembər] Dezember
dej [dai̯] Teig
del [de:l] Teil
dele ['de:lə] teilen
deltids... [de:ltiðs] Teilzeit...
den [dən] *(bestimmter Artikel gemeinsamen Geschlechts)* der, die, das, *(Pronomen)* er, sie, es
dengang ['dengaŋ] damals
denne ['denə] *(Demonstrativpronomen gemeinsamen Geschlechts)* dieser, diese, dieses
dens [dens] sein, seine; ihr, ihre
der [der] da, dort; den/det der [dən/dä der] jener, jene, jenes
derefter [der'eftər] dann, daraufhin
deres ['derəs] *(Possessivartikel: Plural)* ihr, ihre
Deres ['derəs] *(Possessivartikel: Höflichkeitsform)* Ihr, Ihre
derfor ['derfor] *(gefolgt von einem Nebensatz)* also
dessert [də'sert] Nachspeise
dessertske [de'sertske:] (Dessert)löffel
desværre [des'wärə] leider
det [dä] *(bestimmter Artikel sächlichen Geschlechts)* der, die, das; *(Pronomen)* er; sie; es
dets [des] *(einem nicht-menschlichen sächlichen Nomen zugeordnet)* sein, seine; ihr, ihre
dette ['detə] *(Demonstrativpronomen sächlichen Geschlechts)* dieser, diese, dieses

difteritis ['diftəritis] Diphtherie
dig [dai] dich
din [din], o **dit**, Pl. **dine** dein, deine
direkte [di'rektə] direkt
disse Pl. ['disə] diese
diæt [di'ät] Diät
dobbelt ['dɔbəlt] doppelt
dobbeltværelse ['dɔbəltwärəlsə] n. Doppelzimmer
domkirke ['dɔmkirkə] Dom
dommer ['dɔmər] Richter, Richterin
dragt [dragt] (Jackett und Rock) Kostüm
dreng [dreŋ] Junge
drik [drik] Getränk
drikke ['drikə] <drak, drukket> trinken
drikkepenge ['drikəpeŋgə] Trinkgeld
drikkevand ['drikəwan] n. Trinkwasser
DSB [dä es bä] dänische Staatseisenbahn
du [du] du
dukke ['dukə] Puppe
dykke ['dükə] tauchen
dykkerbriller ['dükərbrilər] Pl. Taucherbrille
dykkerudstyr ['dükəruðstür] n. Taucherausrüstung
dyne ['dünə] Bettdecke
dynebetræk ['dünəbətrek] n. Bettbezug
dyr [dür] n. Tier
dyr [dür] teuer
dæk [dek] n. Reifen

dø [dö] <døde, død> sterben
død [döð] tot
døgn [dɔin] Tag und Nacht
dør [dör] Tür
døv [döw] taub
dårlig ['dourli] schlecht
dåse ['dousə] Dose

E

EC-kort [ä sä kɔrt] n. EC-Karte
edderkop ['eðərkɔp] Spinne
eddike ['eðkə] Essig
efter ['eftər] nach
efterår ['eftərour] n. Herbst
eftermiddag ['eftərmidä] Nachmittag, om eftermiddagen [ɔm 'eftərmidäən] nachmittags
efternavn ['eftərnaun] n. Familienname
efterret ['eftər ret] Nachspeise
egen ['aiən], o **eget** ['aiət] eigener, eigene, eigenes
egn [ain] Gegend
eller ['elər] oder
elske ['elskə] lieben
e-mail ['i:mäl] E-Mail
en [e:n] (unbestimmter Artikel gemeinsamen Geschlechts) ein, eine; (Zahlwort) eins
end [en] (nach einem Komparativ) als
endnu [e'nu] noch
eng [eŋ] Wiese
engang ['e:ngaŋ] einmal
engangs... ['e:ngaŋs] Einweg...
engelsk ['eŋəlsk] englisch
England ['eŋlan] England

englænder ['eŋglenər] Engländer, Engländerin
enhver [en'wer], o **ethvert** [et'wert] jeder, jede, jedes
enke ['enkə] verwitwet
enkeltværelse ['enkeltwärəlsə] n. Einzelzimmer
erhverv [er'werw] n. Beruf
et [et] (unbestimmter Artikel sächlichen Geschlechts) ein, eine; (Zahlwort) eins
etage [e'täschə] Etage
etikette [eti'ketə] Etikett
euro ['ɔiro] Euro
Europa [ɔi'ropa] Europa
europæer [ɔiro'päər] Europäer, Europäerin
europæisk [ɔiro'päisk] europäisch

F

fabrik [fa'brik] Fabrik
fad [fað] n. Schüssel
falde ['falə] <faldt, faldet> fallen
familie [fa'miliə] Familie
fane ['fänə] Fahne
far [far] Vater
farbror ['farbror] Onkel
farfar ['farfar] Großvater
farlig ['farli] gefährlich
farmor ['farmor] Großmutter
farve ['farwə] Farbe
fastland ['fastlan] n. Kontinent, Festland
fattig ['fati] arm
fax [faks] Fax
faxe ['faksə] faxen
faxnummer ['faksnumər] n. Faxnummer

feber ['fäbər] Fieber
februar ['februar] Februar
fejl [fail] Fehler, Mangel
ferie ['feriə] Ferien, Urlaub
feriehus ['feriəhus] n. Ferienhaus
fest [fest] Feier
film [film] Film
finger ['fiŋgər] Finger
firma ['firma] n. Firma
fisk [fisk] Fisch
fiskeben ['fiskəbe:n] n. Gräte
fiskefinger ['fiskəfiŋgər] Fischstäbchen
fjerdedel ['fjerədə:l] Viertel
fjerne ben ['fjernə be:n] entgräten
fjernsyn ['fjernsün] n. Fernsehen
flad [fläð] flach
flaske ['flaskə] Flasche
flaskeåbner ['flaskəɔubnər] Flaschenöffner
flod [flo:ð] Fluss
fly [flü] n. Flug, direkte fly [di'rektə flü] Direktflug
flytte ['flütə] umziehen
flyve ['flüwə] <fløj, fløjet> fliegen, flyve væk ['flüwə vek] abfliegen
flyvemaskine ['flüwəmaskinə] Flugzeug
flæsk [fläsk] n. Speck
fløde ['flöðə] Sahne
fløjte ['flɔitə] Flöte, Pfeife
fod [foð] Fuß
fodbold [foðbolt] Fußball
folk [fɔlk] n. Leute
for [for] (zum genannten Zweck oder Preis, anstelle von) für, Kan du gøre det for mig? [kan du 'görə dä for mai] Kannst du das

für mich tun?, *(Absichtserklärung, in Infinitivkonstruktionen)* um, Jeg kommer for at hjælpe dig. [jai kɔmər for at 'jelpə dai] Ich komme, um dir zu helfen.
foran [for'an] *(räumlich)* vor
forbi [for'bi] *(zeitlich)* aus, zuende; *(räumlich)* vorbei
forbinde [for'binə] <forbandt, forbundet> verbinden
forbindelse [for'binəlsə] Verbindung, Anschluss
forbindelsesfly [for'binəlsəsflü] *n.* Anschlussflug
forbudt [for'but] verboten
fordi [for'di] weil
foretrække ['forətrekə] <foretrak, foretrukket> vorziehen
forgårs ['forgo̱urs] i forgårs [i 'forgo̱urs] vorgestern
forkert [for'kert] falsch
forklare [for'klarə] erklären
forlovede [for'lo:wəðə] Verlobter, Verlobte
form [form] Form
formiddag ['formidä] Vormittag, om formiddagen [ɔm 'formidäən] nachmittags
formular [formu'lar] Formular
fornavn ['fornaun] *n.* Vorname
fornøjelse [for'nɔi̯əlsə] Spaß, God fornøjelse! [goð for'nɔi̯əlsə] Viel Spaß!
forret [for'ret] Vorspeise
forretning [for'retniŋ] Geschäft, Laden
forrykt [for'rükt] verrückt

forsigtig [for'sigti] vorsichtig, *(als Aufschrift)* Forsigtig! [for'sigti] Achtung!
forsigtighed [for'sigtiheð] Vorsicht
forsikring [for'sikriŋ] Versicherung
forsikringskort [for'sikriŋskort] *n.* Versichertenkarte
forsinket [for'sinkət] verspätet
forskellige [for'skelijə] verschiedene
forskelligt [for'skeligt] anders
forstad ['forstäð] Vorort
forstoppelse [for'stɔpəlsə] *(gestörte Verdauung)* Verstopfung
forstoppet [for'stɔpət] *(Abfluss etc.)* verstopft
forstå [for'stou̯] <forstod, forstået> verstehen
forsøge [for'söə] versuchen
fortid ['fortið] Vergangenheit, i fortiden [i 'fortiðən] früher
fortælle [for'telə] <fortalte, fortalt> erzählen
forudbetaling ['foruðbətäliŋ] Anzahlung
forude [for'uðə] vorne
forældre [for'eldrə] *Pl.* Eltern
forår ['forou̯r] *n.* Frühling
foto ['foto] *n.* Foto
fotografere [fotogra'ferə] fotografieren
fra [fra] *(Zeitpunkt, an dem etw. beginnt)* ab, *(Ort, aus dem etw. stammt)* aus, *(Richtung, aus der etw. kommt)* von
frakke ['frakə] Mantel

Frankrig ['frankri] Frankreich
fransk [fransk] französisch
franskmand ['franskman] Franzose, Französin
fredag ['freda] Freitag
fremkalde ['fremkalə] *(Film)* entwickeln
fremkaldelse ['fremkaləlsə] *(Film)* Entwicklung
fremmed ['fremǝð] fremd
fri [fri] frei
fridag ['fridä] Feiertag
frimærke ['frimerkə] *n.* Briefmarke
frisør [fri'sör] Friseur, Friseurin
fritid ['fritið] Freizeit
frokost ['frɔkɔst] (kaltes) Mittagessen
fru [fru] *(Anrede)* Frau
frugt [frugt] Obst
frygtsom ['frügtsɔm] schüchtern
frøken ['frökən] *(veraltende Anrede für junge, ledige Frau)* Fräulein
fuld [ful] voll, **fuld af** [ful a] voller
fyldt op [fült ɔp] ausgebucht
Fyn [fün] *(Insel zwischen Jütland und Seeland)* Fünen
fælleskøn ['feləskön] *n.* *(in dänischer Grammatik)* gemeinsames Geschlecht
fængsel ['fengsəl] *n.* Gefängnis
færdig ['ferdi] fertig
færdigret ['ferdiret] Fertiggericht
færdsel ['färsəl] Verkehr
færge ['färjə] Fähre
færre ['färə] *(vor zählbaren Nomen)* weniger
fætter ['fetər] Cousin

fødested ['föðəsteð] *n.* Geburtsort
fødselsdag ['föðsəlsdä] Geburtstag
fødselsdato ['föðsəlsdäto] Geburtsdatum
født [föt] geboren
førerhund ['förərhun] Blindenhund
første ['förstə] erster, erste, erstes
få [fou] <fik, fået> bekommen
få [fou] *(vor zählbaren Nomen)* wenige
får [four] *n.* Schaf

G

gade ['gäðə] Straße
gaffel ['gafəl] Gabel
gal [gäl] verrückt, böse, verärgert
gammel ['gaməl] alt
garage [ga'rarschə] Garage
gartner ['gartnər] Gärtner, Gärtnerin
gas [gas] Gas
gave ['gäwə] Geschenk
ged [geð] Ziege
genbruge ['genbruə] recyceln
genert ['schenert] schüchtern
gennem ['genəm] *(räumlich)* durch
gerne ['gernə] gern
gift [gift] Gift
gift [gift] verheiratet
giftig ['gifti] giftig
give ['giwə] <gav, givet> geben
glas [glas] *n.* Glas
glemme ['glemə] vergessen
glide ['gli:ðə] <gled, gledet> rutschen
god [goð], o **godt** [gɔt] gut

godt [gɔt] gut
golf [gɔlf] Golf
golfbane ['gɔlfbänə] Golfplatz
gople ['gɔplə] Qualle
grad [grað] Grad
gram [gram] *n.* Gramm
gratulere [gratu'lerə] gratulieren
gravid [gra'wið] schwanger
gribe ['gri:bə] <greb, grebet> ergreifen
gryde ['grüðə] (Koch)topf
grøn [grön] grün
Grønland ['grönlan] Grönland
grønlandsk ['grönlansk] grönländisch
grønlænder ['grönlenər] Grönländer, Grönländerin
grøntsager ['gröntsäjər] *Pl.* Gemüse
grå [grou] grau
gul [gul] gelb
gulerod ['gulərɔð] Karotte
gyldig ['güldi] gültig
gæst [gest] Gast
gøre ['görə] <gjorde, gjort> tun, **gøre ondt** ['görə ɔnt] wehtun, **gøre rent** ['görə re:nt] putzen
gå [gou] <gik, gået> *(zu Fuß unterwegs sein)* gehen, Hvordan går det? [wor'dan gour dä] Wie geht's?, *(funktionieren)* Uret går ikke. ['urət gour 'ikə] Die Uhr läuft nicht.
går [gour] i går [i gour] gestern

H

hallo! ['halo] *(Grußwort am Telefon)* hallo!
hals [hals] Hals
halstørklæde ['halstörklädə] *n.* Schal
halv [hal], **o halvt** [halt] halb, *(mit Zeitangabe)* halv fem [hal fem] halb fünf
halvdel ['halde:l] Hälfte
halve ['halwə] det halve [dä 'halwə] die Hälfte
halvpension ['halpaŋsion] Halbpension
halvtid ['haltið] Halbzeit
han [han] *(Personalpronomen)* er
handikappet ['handikapət] behindert
handske ['hanskə] Handschuh
hankøn ['hankön] *n. (in deutscher Grammatik)* männliches Geschlecht
hans [hans] sein, seine; Han elsker hans kone. [han 'elskər hans 'konə] Er liebt seine Frau. (die Frau eines anderen); Hans kone elsker ham ikke mere. [hans 'konə 'elskər ham 'ikə 'merə] Seine (eigene) Frau liebt ihn nicht mehr.
haste ['hastə] eilen, Det haster. [dä 'hastər] Es eilt.
hastig ['hasti] eilig
hav [hau] *n.* Meer
have ['häwə] Garten
have ['häwə] <havde, haft> haben, Har I besøgt Danmark før i tiden? [har i bə'sögt 'danmark för i 'tiðən] Habt ihr Dänemark schon mal besucht?, Hvordan har du det? [wor'dan har du dä]

Wie geht es dir?, Jeg har det (ikke) godt. [jai har dä 'ikə gɔt] Mir geht es (nicht) gut., Ha' det godt! [ha dä gɔt] Mach's gut!

hed [heð] heiß

hedde ['heðə] <hed, heddet> heißen, Hvad hedder du? [wað 'heðər du] Wie heißt du?

hej! [hai] *(Grußwort)* hallo!, Hej hej! [hai hai] Tschüss!

held [hel] *(zufallsbedingt)* Glück, Held og lykke! [hel o 'lükə] Viel Glück!

heldig ['heldi] være heldig ['wärə 'heldi] Glück haben, Du har været heldig. [du har 'wärət 'heldi] Du hast Glück gehabt.

helligdag ['helidä] *(religiöser)* Feiertag

helpension ['hälpaŋsion] Vollpension

helsekost ['helsəkɔst] Vollwertkost

heltids... ['hältiðs] Vollzeit...

hendes ['henəs] ihr, ihre; Hun elsker hendes mand. [hun 'elskər 'henəs man] Sie liebt ihren Mann.(den Mann einer anderen Frau); Hendes mand elsker hende ikke mere. ['henəs man 'elskər 'henə 'ikə 'merə] Ihr (eigener) Mann liebt sie nicht mehr.

henimod ['henimoð] *(zeitlich)* gegen, *(räumlich)* (in) Richtung, entgegen

hente ['hentə] holen, abholen

hepatitis [hepa'titis] Hepatitis

her [her] hier, den/det her [dən/det her] dieser, diese, dieses

Her [her] *(Anrede)* Herr

herre ['herə] *(höflich für ‚Mann')* Herr

Herrer ['herə] *(als Aufschrift)* Herrentoilette

hest [hest] Pferd

hilse ['hilsə] grüßen

hilsen [hilsən] Gruß

hindbær ['hinbär] *n.* Himbeere

hjul [ju:l] *n. (in einem Mechanismus)* Rad

hjælp [jelp] Hilfe

hjælpe ['jelpə] <hjalp, hjulpet> helfen

hofte ['hɔftə] Hüfte

holde ['hɔlə] halten, holde op ['hɔlə ɔp] aufhören

homoseksuel ['homoseksuel] homosexuell

honning ['hɔning] Honig

hos [hɔs] bei

hoste ['hostə] Husten

hostesaft ['hostəsaft] Hustensaft

hotel [ho'tel] *n.* Hotel

hoved ['howəð] *n.* Kopf

hovedpine ['howəðpi:nə] Kopfweh

hovedpude ['howəðpuðə] Kopfkissen

hovedret ['howəðret] Hauptspeise

Hr. [her] *(abgekürzte Anrede)* Herr

hue ['huə] Mütze

hul [hu:l] *n.* Loch

hule ['hu:lə] Höhle

hun [hun] *(Personalpronomen: 3. Person Singular)* sie

hund [hun] Hund
hundegalskab ['hunəgalskäb] Tollwut
hunkøn ['hunkön] *n. (in deutscher Grammatik)* weibliches Geschlecht
hurtig ['hurti] schnell
hus [hus] *n.* Haus
husdyr ['husdür] *n.* Haustier
huske ['huskə] sich erinnern (an), Jeg husker ham. [jai 'huskər ham] Ich erinnere mich an ihn.
husvin ['huswi:n] Hauswein
hvad [wað] was
hvem [wem] wer
hver [wer] *(vor einem Nomen)* jeder
hvid [wið] weiß
hvidvin ['wiðwi:n] Weißwein
hvis [wis] wessen
hvor [wor] wo
hvorfor [wor'for] warum
hvornår [wor'nour] wann
hyggelig ['hügəli] gemütlich
hygiejnebind ['hügiainəbin] *n.* Damenbinde, Slipeinlage
hætte ['hetə] Kappe
hæve ['häwə] *(Geld vom Konto)* abheben
høj [hoi] *(hoch, hochgewachsen)* groß
højde ['hoidə] Höhe
højglans [hoiglans] Hochglanz
højlydt ['hoilüt] *(unangenehm)* laut
højre ['hoirə] rechter, rechte, rechtes; til højre [til 'hoirə] nach rechts
høne ['hönə] Huhn
høre ['hörə] hören
høresvag ['hörəswä] schwerhörig
hånd [hon] Hand
håndklæde [honkläðə] *n.* Handtuch
hår [hour] *n.* Haar

I

i [i] in, i alt [i alt] insgesamt, i de sidste tre dage [i di 'sidstə tre: 'däjə] seit drei Tagen, i forgårs [i 'forgours] vorgestern, i går [i gour] gestern, Jeg går i bageriet. [jai gour i 'bäjəriət] Ich gehe zur Bäckerei.
I [i] *(Personalpronomen)* ihr
idé [i'de:] Idee
idræt ['idret] Sport
ikke ['ikə] nicht
ikkeryger ['ikərüər] Nichtraucher, Nichtraucherin
ikkerygerkupé ['ikərüərkupe:] Nichtraucher(abteil)
ild [il] Feuer
iltflaske ['iltflaskə] *(für Taucher)* Sauerstoffflasche
imod [i'moð] gegen
ind [in] herein, Kom ind! [kɔm in] Herein!
indbyde ['inbüðə] <indbød, indbudt> einladen
indbydelse ['inbüðəlsə] Einladung
inden ['inən] *(zeitlich früher)* vor, *(räumliche Abgrenzung)* inden for ['inən for] innerhalb, *(räumliche Abgrenzung)* inden i ['inən for] innerhalb
indenfor ['inənfor] drinnen

indeni ['inəni] innen
indgang ['ingang] Eingang
indkøbscenter ['inköbssentər] *n.* Einkaufszentrum
indlogering [inlo'schering] Unterbringung
indløse ['inlösə] einlösen
indmelde ['inmelə] *(für eine Schule etc.)* anmelden, **indmelde sig** ['inmelə sai] sich anmelden
indrejse ['inraisə] Einreise
indsprøjtning ['insproitning] Spritze
indtil ['intil] bis
information [informasi'on] Information
informationsdisk [informasi'onsdisk] Informationsschalter
ingen ['ingən] keiner, keine, keines, kein
ingenting ['ingənting] nichts
insekt [in'sekt] *n.* Insekt
insektstik [in'sektstik] *n.* Insektenbiss
insulin [insu'li:n] *n.* Insulin
interessant [intərə'sant] interessant
internet ['intərnet] *n.* Internet
intet ['intət] kein, keine; nichts
intetkøn ['intətkön] *n. (in dänischer/deutscher Grammatik)* sächliches Geschlecht
is [i:s] Eis
isstadion ['i:sstadion] *n.* Eisstadion
itu [i'tu] kaputt

J

ja [ja] ja
jagt [jagt] Jagd
jakke ['jakə] Jacke
jakkesæt ['jakəset] *n.* Anzug
januar ['januar] Januar
jeans [dschi:ns] Jeans
jeg [jai] ich
jer [jer] *(reflexiv)* euch
jeres ['jerəs] euer, eure
jordbær ['jorbär] *n.* Erdbeere
jul [ju:l] Weihnachten, **Glædelig jul!** ['glädəli jul] Frohe Weihnachten!
juli ['juli] Juli
juni ['juni] Juni
juvelér [juwə'ler] Juwelier, Juwelierin
jyde ['jüðə] Jütländer, Jütländerin
Jylland ['jülən] *n.* Jütland
jysk [jüsk] jütländisch
jøde ['jöðə] Jude, Jüdin
jødisk ['jöðisk] jüdisch

K

kabel ['käbəl] *n.* Kabel
kaffe ['kafə] Kaffee
kage ['käjə] Kuchen
kakao [ka'kau] Kakao
kakerlak ['kakərlak] Kakerlake
kam [kam] Kamm
kamera ['kamərə] *n.* Kamera
kampere [kam'perə] zelten
karantæne [karan'tänə] Quarantäne
kartoffel [kar'tɔfəl] Kartoffel
kasino [ka'si:no] *n.* Spielkasino

kasse ['kasə] Kasse
kat [kat] Katze
kende ['kenə] kennen
ketchup ['ketschup] Ketchup
ketsjer ['ketsjər] *(Tennis, Federball, Tischtennis)* Schläger
kikkert ['kikərt] Fernglas
kiks [kiks] Keks
kilogram ['kilogram] *n.* Kilogramm
kilometer ['kilomätər] Kilometer
kiosk [kiɔsk] Kiosk
kirke ['kirkə] Kirche
kjole ['kjolə] Kleid
klage ['kläjə] Beschwerde, Klage
klage ['kläjə] klagen, sich beschweren
klapvogn [klapwo̯un] Kinderwagen
klint [klint] Steilküste
klippe ['klipə] Fels
klokken ['klɔkən] *(Uhrzeitangabe)* um
klokkeslæt ['klɔkəslet] *n.* Uhrzeit
klæde ['kläðə] *n.* Tuch, klæder ['kläðər] *n. Pl.* Kleidung
klædeskab ['kläðəskäb] *n.* Kleiderschrank
klø [klö] Jucken
knap [knap] Knopf
knappenål ['knapənoul] Stecknadel
kniv [kniu̯] Messer
knogle ['kno:lə] Knochen
kobling ['kɔbling] Kupplung
koge ['ko̯uə] kochen
kok [kɔk] Koch, Köchin
kold [kɔl] kalt
komfur [kɔm'fur] *n.* Herd

komme ['kɔmə] <kom, kommet> kommen
kommission [kɔmischi'on] Kommission
kompas [kɔm'pas] *n.* Kompass
koncert [kɔn'sert] Konzert
konditori [kondito'ri] *n.* Konditorei
kondom [kɔn'dom] *n.* Kondom
kone ['konə] Frau, Ehefrau
konsulat [kɔnsu'lät] *n.* Konsulat
konsultationstid [kɔnsultasi'onstið] Sprechstunde
kontant [kɔn'tant] bar (zahlen), *(Plural)* kontanter [kɔn'tantər] Bargeld
konto ['kɔnto] Konto
kontonummer ['kɔntonumər] *n.* Kontonummer
kontor [kɔn'tor] *n.* Büro
kontrakt [kɔn'trakt] Vertrag
kontrol [kɔn'trɔl] Kontrolle
kontrollere [kɔntrɔ'lerə] kontrollieren
kop [kɔp] Tasse
kort [kort] *n. (Post-, Speise- oder Landkarte)* Karte
kort [kort] *(von geringer Länge)* kurz
koste ['kɔstə] kosten
krabbe ['krabə] Krabbe
kreditkort [kre'ditkort] *n.* Kreditkarte
kreditkortnummer [kre'ditkortnumər] *n.* Kreditkartennummer
krig [kri] Krieg
kristelig ['kristəli] christlich

krone ['kronə] *(dänische Währung)* Krone
krop [krɔp] Körper
krus [krus] *n.* Becher
krydret ['krüðrət] *(Geschmack)* scharf
krykke ['krükə] Krücke
kuffert ['kɔfərt] Koffer
kuglepen ['kuləpen] Kugelschreiber
kun [kun] nur
kunne ['kunə] <kunne, kunnet> können, Jeg kan gøre det for dig. [jai̯ kan 'görə dä for dai̯] Ich kann das für dich tun., kunne lide ['kunə li:] mögen, Kan du godt lide rugbrød? [kan du gɔt li: 'rubrøð] Magst du Roggenbrot?
kunst [kunst] Kunst
kunstgenstand ['kunstgenstan] Kunstgegenstand
kunsthåndværk ['kunsthɔnwerk] *n.* Kunsthandwerk
kurs [kurs] Kurs, Richtung
kursus ['kursus] *n.* Kurs, Lehrgang
kurv [kurw] Korb
kusine [ku'sinə] Cousine
kuvert [ku'wert] Gedeck
kvadratmeter [kva'dra:tmätər] Quadratmeter
kvalitet [kwali'tät] Qualität
kvalme ['kwalmə] Übelkeit
kvart [kwart] viertel, kvart i/over fem [kwart i/'ou̯ər fem] viertel vor/nach fünf
kvartal [kwartäl] *n.* Vierteljahr
kvinde ['kwinə] Frau

kvindelig ['kwinərli] weiblich
kvittering [kvi'teriŋ] Quittung
kylling ['küliŋ] Hähnchen
kys [küs] *n.* Kuss
kysse ['küsə] küssen
kyst [küst] Küste
kælder ['kelər] Keller
kælderetage [keləretäschə] Untergeschoss
kæmpe ['kempə] kämpfen
kæreste ['kärəstə] *(Partner(in))* Freund, Freundin
kærlighed ['kärliheð] Liebe
kø [kö:] *(wartende Menschen)* Schlange
købe ['kö:bə] kaufen, købe ind ['kö:bə in] einkaufen
København [köbən'haun] Kopenhagen
kød [köð] *n.* Fleisch
køkken ['kökən] *n.* Küche
køle ['kölə] kühlen
køleskab ['köləskäb] *n.* Kühlschrank
kølle ['kölə] (Golf)schläger
køn [kön] schön, attraktiv
køre ['körə] fahren
kørekort ['körəkort] *n.* Führerschein
køreplan ['körəplän] Fahrplan
kørestol ['körəsto:l] Rollstuhl
køretur ['körətur] *(mit dem Auto)* Fahrt

L

lade [läðə] laden
lagen ['läjən] *n.* Bettlaken
lagkage ['lau̯käjə] Torte

land [lan] *n.* Land
landkort ['lankort] *n.* Landkarte
landsby ['lansbü] Dorf
lang [laŋ] lang
langrend ['laŋgren] *n.* Langlauf
langsom ['laŋsɔm] langsam
langsomt ['laŋsɔmt] langsam
lastbil [lastbi:l] Lastkraftwagen
lave ['läwə] machen, lave mad ['läwə mað] kochen
le [lä:] <lo, leet> lachen
lede ['läðə] führen
ledning ['leðniŋ] Kabel
legal [le'gäl] legal
lege ['laijə] spielen
legeme ['läjmə] *n.* Körper
legitimationskort ['legitimasionskort] *n.* Ausweis
leje ['laijə] Miete
leje ['laijə] mieten
lejlighed ['laili̯heð] Wohnung, Gelegenheit, Chance
lesbisk ['lesbisk] lesbisch
let [let] einfach, leicht
lette ['letə] *(Flugzeug vom Boden)* abheben
leve ['le:wə] leben
lever ['lewər] Leber
levnedsmidler ['lewnəðsmiðlər] *Pl.* Lebensmittel
lide ['liðə] <led, lidt> leiden
lidt [lit] *(vor unzählbaren Nomen)* wenig
lige ['liə] gerade, lige ud ['liə uð] geradeaus, lige ved ['liə weð] bei
ligge ['ligə] <lå, ligget> liegen
lighter ['laitər] Feuerzeug
likør [li'kör] Likör

lilla ['lilä] lila
lille ['lilə] *(vor Singularnomen)* klein, kleine
limonade [limo'näðə] Limonade
linse ['linsə] *(Hülsenfrucht, Schicht des Auges)* Linse
liter [litər] Liter
liv [liu̯] *n.* Leben
lok [lɔk] Locke
lomme ['lɔmə] *(an einem Kleidungsstück)* Tasche
lommekniv ['lɔməkniu̯] Taschenmesser
lommeregner ['lɔməraiṇər] Taschenrechner
lommetørklæde ['lɔmətörklæðə] *n.* Taschentuch
lotion [loschi'on] Lotion
luft [luft] Luft
lufthavn ['lufthau̯n] Flughafen
lugte ['lugtə] riechen
lukke ['lukə] schließen
lukket ['lukət] zu, geschlossen
lunge ['luŋə] Lunge
lus [lus] Laus, Läuse
lykke ['lükə] Glück, Til lykke med fødselsdagen/brylluppet! [til 'lükə með 'fö̂ðsəlsdää̂n/'brülupət] Alles Gute zum Geburtstag/zur Hochzeit!
lykkelig ['lükəli] glücklich
lynlås ['lünlou̯s] Reißverschluss
lys [lüs] *n.* Licht
lys [lüs] hell
lyskurv ['lüskurw] Ampel
lystig ['lüsti] lustig
lytte ['lütə] zuhören
læbe ['lä:bə] Lippe

læbestift ['lä:bəstift] Lippenstift
læder ['leðər] n. Leder
læge ['läjə] Arzt, Ärztin; praktiserende læge [prakti'serənə 'läjə] Allgemeinarzt, Allgemeinärztin
lægemiddel ['läjəmiðəl] n. Medizin, Heilmittel
lægge ['legə] <lagde, lagt> legen
lækker ['lekər] lecker
lænestol ['länəsto:l] Sessel
længde ['lengdə] Länge
længe ['leŋə] lange
lære ['lärə] lernen
læse ['läsə] lesen
løbe ['löbə] <løb, løbet> laufen, rennen
løg [lɔi] n. Zwiebel
lørdag ['lörda] Samstag
løsning ['lösniŋ] Lösung
låge ['loυə] Tor
lås [loυs] (zum Abschließen) Schloss
låset ['loυsət] zu, verschlossen

M

maj [mai] Mai
maleri [mälə'ri] n. Bild, Gemälde
man [man] man
mand [man] Mann, Ehemann
mandag ['manda] Montag
mandlig ['manli] männlich
mange ['maŋə] viele
mangel ['maŋəl] Mangel
mangelfuld ['maŋəlful] defekt
mangle ['maŋlə] fehlen
mark [mark] Feld
marked ['markəð] n. Markt

marmelade [marmə'läðə] Marmelade
marts [marts] März
maskine [mas'ki:nə] Maschine
massage [ma'säschə] Massage
mat [mat] matt
mave ['mäwə] Bauch, Magen
mayonnaise [maijɔ'näsə] Mayonnaise
med [með] mit
meddelelse ['meðe:ləlsə] Durchsage, Nachricht
medicin [medi'si:n] (Heilkunst) Medizin
medlemskort ['meðlemskort] n. (Mitglieds)ausweis
megen ['maiən], ο **meget** ['maiət] (Adjektiv) viel
meget ['maiət] (Adverb) sehr
mejeriprodukt [maijə'ri prɔ'dukt] n. Milchprodukt
mel [me:l] n. Mehl
mellem ['meləm] zwischen
melon [me'lo:n] Melone
men [men] aber
mene ['me:nə] meinen
mening ['me:niŋ] Meinung
menneske ['menskə] n. Mensch
menstruation [menstruasi'on] Menstruation
menu [me'nü] Menü
mere ['merə] mehr
messe ['mesə] Messe
mest [me:st] meist
metal [me'tal] n. Metal
meter ['mätər] Meter
metro ['mätro] U-Bahn

middag ['mida] Mittag, *(warme Mahlzeit)* Mittag-/Abendessen, om middagen [ɔm 'midåən] mittags

middagsmad ['midäsmað] Mittagessen

middagsmenu ['midäs me'nü] Mittagsmenü

middel ['miðəl] *n.* Mittel, smertestillende middel ['smertəstilənə 'miðəl] *n.* Schmerzmittel

midte ['mitə] Mitte

mig [mai] *(reflexiv)* mich

migræne [mi'gränə] Migräne

mikroovn ['mikroo̯un] Mikrowelle

mild [mil] mild

militær [mili'tär] *n.* Militär

min [mi:n], o **mit** [mit], Pl. **mine** [mi:nə] mein, meine

mindre ['mindrə] *(vor unzählbaren Nomen)* weniger

minus ['minus] minus

minut [mi'nut] *n.* Minute

miste ['mistə] verlieren

mobiltelefon [mo'biltelefon] Handy

mode ['moðə] Mode

modig ['moði] mutig

modtager ['moðtäər] Empfänger, Empfängerin

mor [mor] Mutter

morbror ['morbror] Onkel

morfar ['morfar] Großvater

morgen ['morən] Morgen, i morgen [i 'morən] morgen, om morgenen [ɔm 'morənən] morgens

morgenmad ['morənmað] Frühstück

mormor ['mormor] Großmutter

morsom ['morsɔm] amüsant

moské [mɔ'ske:] Moschee

moskito [mɔ'skito] Moskito

moskitonet [mɔ'skitonet] *n.* Moskitonetz

motor ['motor] Motor

motorcykel ['motorsükəl] Motorrad

motorvej ['motorwai̯] Autobahn

motorvejstilkørsel ['motorwai̯stilkörsəl] Autobahnauffahrt

mulig ['muli] möglich

mulighed ['muliheð] Möglichkeit

mund [mun] Mund

mur [mur] Mauer

mus [mus] Maus

musik [mu'sik] Musik

muslimsk [mu'slimsk] muslimisch

myre ['mürə] Ameise

mælk [mälk] Milch

mæslinger Pl. ['meslinɡər] Masern

mæt [met] satt

møbel ['möbəl] *n.* Möbel

møde ['möðə] *n.* Treffen

mødes ['möðəs] sich treffen

mønt [mönt] Münze, Währung

mørk [mörk] dunkel

mål [mou̯l] *n. (Resultat des Messens)* Maß, *(Treffer beim Fußball usw.)* Tor

målestok ['mou̯ləstɔk] Maßstab

måne ['mou̯nə] Mond

måned ['mou̯nəð] Monat

måske [mou̯'ske:] vielleicht

måtte ['mɔtə] Matte

måtte [mɔtə] <måtte, måttet> müssen, Jeg må tage afsted i morgen. [jaj mou ta a'steð i 'morən] Ich muss morgen abreisen., *(autorisiert sein)* dürfen, Det må man ikke. [dä mou man 'ikə] Das darf man nicht.

N

nakke ['nakə] Nacken
narresut ['narəsut] Schnuller
nat [nat] Nacht, om natten [ɔm 'natən] nachts
nationalitet [nasionali'tät] Nationalität
natur [na'tur] Natur
navn [naun] *n.* Name
nede ['neðə] unten
nederdel ['neðərde:l] Rock
nedsættelse ['neðsetəlsə] Ermäßigung
negl [najl] *(an Fingern und Zehen)* Nagel
negleklipper ['najləklipər] Nagelknipser
neglelak ['najləlak] Nagellack
nej [naj] nein
nem [nem] leicht, einfach
net [net] *n.* Netz
nogen ['nouən] jemand
noget ['nouət] etwas
nord ['nor] Norden
normal [nor'mäl] normal
november [no'wembər] November
nu [nu] jetzt
nudel ['nuðəl], Nudel, nudler ['nuðlər] *Pl.* Nudeln
nummer ['numər] *n.* Nummer

ny [nü] neu
nytårsaften ['nütoursaftən] Silvester
nær [när] nah
nærtrafiktog ['närtrafiktou] *n.* Nahverkehrszug
næse ['näsə] Nase
næste ['nestə] nächster, nächste, nächstes
næsten ['nestən] fast
nød [nöð] Nuss
nødstilfælde ['nöðstilfelə] *n.* Notfall
nødvendig [nöð'wendi] nötig
nøgle ['nɔjlə] Schlüssel

O

ocean ['oseän] *n.* Ozean
offentlig ['ɔfəntli] öffentlich
ofte ['ɔftə] oft
og [o] und
også ['ɔsə] auch
oksekød ['ɔksəköð] *n.* Rindfleisch
oktober [ɔk'tobər] Oktober
olie ['oliə] Öl
om [ɔm] *(Konjunktion)* ob, Jeg ved ikke, om vi kan komme. [jaj weð 'ikə ɔm wi kan 'kɔmə] Ich weiß nicht, ob wir kommen können., *(Präposition)* über, Jeg vil gerne have en bog om dansk mad. [jaj wil 'gernə ha e:n bou ɔm dansk mað] Ich hätte gern ein Buch über die dänische Küche., Om dagen går jeg til stranden. [ɔm 'dään gour jaj til 'stanən] Tagsüber gehe ich zum Strand., um, Må jeg bede om en kop te?

[mou jai be: ɔm e:n kɔp te:] Darf ich um eine Tasse Tee bitten?
omkring ['ɔmkring] *(räumlich)* um ... herum, *(zeitlich)* ungefähr
omtrent ['ɔmtrent] ungefähr
onkel ['ɔnkəl] Onkel
onsdag ['onsda] Mittwoch
opera ['opəra] Oper
ophold ['ɔphɔl] *n.* Aufenthalt, ophold undervejs ['ɔphɔl 'unərwais] Zwischenstopp
opladningsapparat ['ɔplädningsapara:t] *n.* Ladegerät
oplysning ['ɔplüsning] Auskunft
opløsning ['ɔplösning] *(chemisch)* Lösung
oppe ['ɔpə] oben
opringning ['ɔpringning] Anruf
opskrift ['ɔpskrift] (Koch)rezept
optaget ['ɔptäət] besetzt
optiker ['ɔptikər] Optiker, Optikerin
orange [ɔ'rangschə] Orange
ord [or] *n.* Wort
ordbog ['orbou] Wörterbuch
orden ['ordən] Ordnung
os [ɔs] uns
ost [oust] Käse
ovenpå ['oənpou] oben
over ['ouər] über
overdosis ['ouərdo:sis] Überdosis
overfalde ['ouərfalə] überfallen
overføre ['ouərförə] überweisen
overførsel ['ouərförsəl] Überweisung
overmorgen ['ouərmorən] übermorgen

overnatningsmulighed ['ouərnatningsmuliheð] Übernachtungsmöglichkeit
overraske ['ouərraskə] überraschen
oversætte ['ouərsetə] <oversatte, oversat> übersetzen
oversætter ['ouərsetər] Übersetzer, Übersetzerin
ovn ['o:ən] (Back)ofen

P

paddehat ['päðəhat] (Gift)pilz
pakke ['pakə] Paket
pakke ['pakə] packen, pakke ind ['pakə in] einpacken
pakning ['pakning] Packung
palads [pa'las] *n.* Palast
pande ['panə] Pfanne
papir [pa'pir] *n.* Papier
papirslommetørklæde ['papirslɔmətörklädə] *n.* Papiertaschentuch
par [pa] *n.* Paar
paragliding ['paraglaiding] Gleitschirmfliegen
paraply [para'plü] Regenschirm
parfume [par'füm] Parfum
park [park] Park
parkere [par'kerə] parken
parkeringsplads [par'keringsplas] Parkplatz
parlament [parla'ment] *n.* Parlament
parti [par'ti] *n.* Partei
♂ **partner** ['partnər], ♀ **partnerske** ['partnərskə] Partner, Partnerin

party ['parti] n. Party
pas [pas] n. Pass
passe ['pasə] passen, Det passer mig (ikke). [dä 'pasər mai 'ikə] Das passt mir (nicht)., Pas på! [pas pou] Aufgepasst!
patient [paschi'ent] Patient, Patientin
pause ['pausə] Pause
peber ['pebər] n. Pfeffer
pedal [pe'däl] Pedal
penge ['peŋə] Pl. Geld
pengeautomat ['peŋəautomät] Geldautomat
pengeseddel ['peŋəseðəl] Geldschein
pengeskab ['peŋəskäb] n. (Geldschrank) Safe
penis ['pe:nis] Penis
pensionat [paŋgsio'nät] n. (Unterbringung für Gäste) Pension
pensionist [paŋgsio'nist] Rentner, Rentnerin
perron [pä'rɔŋg] Bahnsteig
person [per'so:n] Person, handikappet person ['handikapət per'son] Behinderter, Behinderte
pibe ['pi:bə] (zum Rauchen) Pfeife
pige ['pi:ə] Mädchen
pigenavn ['pi:ənaun] n. Mädchenname
pille ['pilə] Pille
pizza ['pisa] Pizza
plads [plas] Platz
plan [plän] Plan
plante ['plantə] Pflanze
plastic ['plastik] n. Plastik, Kunststoff

plastik ['plastik] (Skulptur) Plastik
plus [plus] plus
politi [poli'ti] n. Polizei
politibetjent [poli'tibətjent] Polizist, Polizistin
politistation [poli'ti stasi'on] Polizeiwache
pommes frites [pɔm frits] Pommes frites
porre ['porə] Lauch
port [port] Tor
porto ['porto] Porto
pose ['po:sə] Tüte
post [pɔst] Post
posthus ['pɔsthus] n. Post(filiale)
postkort ['pɔstkort] n. Postkarte
postnummer ['pɔstnumer] n. Postleitzahl
potageske [po'tä:schəske:] Suppenlöffel, Suppenkelle
potte ['pɔtə] (Keramik)topf
pottemagervarer ['pɔtəmäjərwarər] Pl. Töpferwaren
praksis ['praksis] Praxis
printer ['printər] Drucker
pris [pri:s] Preis, Det er prisen værd. [dä er 'pri:sən wär] Das ist preiswert.
problem [prɔ'ble:m] n. Problem
procent [pro'sent] Prozent
program [prɔ'gram] n. Programm
prop [prɔp] Korken
proptrækker ['prɔptrekər] Korkenzieher
prospekt [prɔ'spekt] n. Prospekt
protestere [prɔtes'terə] protestieren
præcis [prä'si:s] genau, pünktlich

prøve ['prö:wə] probieren, versuchen; prüfen
pude ['puðə] Kissen
pudebetræk ['puðəbətrek] *n.* Kissenbezug
pullover [pu'lowər] Pullover
pumpe ['pumpə] Pumpe
pund [pun] *n.* Pfund
punkt [punkt] *n. (Thema, Stelle)* Punkt
punktlig ['punktli] pünktlich
punktum ['punktum] *n. (Satzzeichen)* Punkt
puslerum ['puslərum] *n.* Wickelraum
pæn [pä:n] schick, adrett; freundlich, nett; Det er pænt af dig. [dä er pä:nt a dai] Das ist nett von dir.
pære ['pärə] Birne
pølse ['pölsə] Wurst
på [pou] *(Lage)* auf, an; Avisen ligger på bordet. [a'wisən 'ligər pou 'borət] Die Zeitung liegt auf dem Tisch.; på stranden [pou 'stranən] am Strand; *(Uhrzeit)* um; på det tidspunkt [pou dä 'tiðspunkt] um diese Zeit

R

rabat [ra'bat] Rabatt
radio ['radio] Radio
rar [rar] nett
rask [rask] gesund
realistisk [rea'listisk] realistisch
reb [re:b] *n.* Seil
recept [re'sept] *(vom Arzt)* Rezept
redde ['reðə] retten
rede ['re:ðə] kämmen
redningsvest ['reðningswest] Rettungsweste
regering [re'gering] Regierung
registreringsattest ['registreringsatest] Fahrzeugschein
regn [rain] Regen
regne ['rainə] regnen, rechnen
regnfrakke ['rainfrakə] Regenmantel
regning ['raining] *(im Restaurant)* Rechnung
regnskab ['rainskäb] *n. (in der Buchhaltung)* Rechnung
reje ['raijə] Krabbe
rejse ['raisə] Reise, God rejse! [goð 'raisə] Gute Reise!
rejse ['raisə] reisen, rejse ind ['raisə in] einreisen, rejse væk ['raisə wek] abfahren
rejsebureau ['raisəbüro] *n.* Reisebüro
rejsecheck ['raisətschek] Reisescheck
rejsefører ['raisəförər] Reiseführer, Reiseführerin
rejsehåndbog ['raisəhɔnbou] *(Buch)* Reiseführer
rejsepas ['raisəpas] *n.* Reisepass
religion [religi'on] Religion
ren [re:n] *(unverschmutzt)* sauber, *(pur)* rein
rengøring ['re:ngöring] Reinigung, Säubern
renseri [rense'ri] *n. (Geschäft)* Reinigung

rensning ['rensniŋ] *(von Kleidern)* Reinigung
reol [re'ol] Regal
reparation [reparasi'on] Reparatur
reparere [repa'rerə] reparieren
reservere [reser'werə] reservieren
reservering [reser'weriŋ] Reservierung
reserveringsnummer [reser'weriŋsnumər] *n.* Reservierungsnummer
restaurant [resto'raŋ] Restaurant
ret [ret] *(Mahlzeit oder Rechtsinstanz)* Gericht
retning ['retniŋ] Richtung
ride ['ri:ðə] <red, redet> reiten
rig [ri] reich
rigtig ['rigti] richtig
ringe ['riŋə] klingeln, **ringe op** ['riŋə ɔp] anrufen
ris [ri:s] Reis
rist [rist] *(für das Grillen)* Rost
rolig ['roli] ruhig
romantisk [ro'mantisk] romantisch
ror [ror] *n.* Pinne
rosa ['rosa] rosa
rose ['rosə] Rose
rosé [ro'sä] Rosé
rotte ['rɔtə] Ratte
rugbrød ['rubröð] *n.* Schwarzbrot
ruin [ru'in] Ruine
rulletrappe ['rulətrapə] Rolltreppe
rum [rum] *n.* Raum
rund [run] rund
rundstykke ['runstükə] *n.* Brötchen
rust [rust] Rost
rute ['rutə] Route
rutebil ['rutəbi:l] Reisebus

rutsche ['rutschə] rutschen
ryg [rüg] Rücken
ryge ['rüə] <røg, røget> rauchen
rygekupé ['rüəkupe:] Raucherabteil
ryger ['rüər] Raucher, Raucherin
rygsæk ['rügsek] Rucksack
rød [röð] rot
rødvin ['röðwi:n] Rotwein
røve ['röwə] rauben
rå [rou] roh
råbe ['roubə] schreien
rådden ['rɔðən] verfault

S

sadel ['saðəl] Sattel
saft [saft] Saft
sagte ['sachtə] leise
saks [saks] Schere
sal [säl] Etage, Stockwerk; Saal
salat [sa'lät] Salat
salt [salt] *n.* Salz
saltet ['saltət] salzig
samme ['samə] gleich
sammen ['samən] zusammen, gemeinsam
samtale ['samtälə] Gespräch
sand [san] *n.* Sand
sand [san] wahr, **Ikke sandt?** ['ikə sant] Nicht wahr?
sandal [san'däl] Sandale
sang [saŋ] Lied
sauna ['saunə] Sauna
se [se:] <så, set> sehen, **se ud** [se: uð] aussehen, **se fjernsyn** [se: 'fjernsün] fernsehen
sejle ['sailə] segeln
sekund [se'kund] *n.* Sekunde

selskab ['selskäb] *n.* Party, Gesellschaft
selvbetjening ['selbətjening] Selbstbedienung
selvforsørger ['selforsörjər] Selbstversorger
sen [se:n] spät, Vi kommer for sent/senere. [wi 'kɔmər for se:nt/se:nərə] Wir kommen zu spät/später.
sende ['senə] senden
seng [seng] Bett
sengetøj ['sengətɔi] *n.* Bettzeug
sennep ['senəp] Senf
september [sep'tembər] September
serviet [serwi'et] Serviette
servitrice [serwi'tri:sə] Kellnerin
sex [seks] Sex
shampoo [scham'pu] Shampoo
show [scho:] *n.* Show
sidde ['siðə] <sad, siddet> sitzen
side ['si:ðə] Seite
siden ['si:ðən] *(ab einem bestimmten Zeitpunkt)* seit
sidst [sidst] letzter, letzte, letztes
sig [sai] sich
sikker ['sikər] sicher
sikkerhedssele ['sikərheðsse:lə] Sicherheitsgurt
silke ['silkə] Seide
sin [si:n], o **sit** [sit], Pl. **sine** ['si:nə] *(einer Person zugeordnet, die Subjekt des Satzes ist)* sein, seine; Han elsker sin kone. [han 'elskər si:n 'konə] Er liebt seine Frau.

sjov [schiọ] Spaß, Det er sjovt. [dä er schiọt] Das ist lustig.
sjælden ['schelən] *(Adjektiv)* selten
sjældent ['schelənt] *(Adverb)* selten
Sjælland ['schelan] *n. (dänische Insel)* Seeland
sjællandsk ['schelansk] seeländisch
sjællænder ['schelenər] Seeländer, Seeländerin
skab [skäb] *n.* (Kleider)schrank
skade ['skäðə] Verletzung
skarp [skarp] *(Klinge)* scharf
skateboard ['skätbord] *n.* Skateboard
ske [ske:] Löffel
skede ['ske:ðə] Vagina
ski [ski] Ski
skib [ski:b] *n.* Schiff
skifte ['skiftə] wechseln, Jeg skal skifte tog. [jai skal 'skiftə toụ] Ich muss umsteigen.
skilt [skilt] *n.* Schild, Wegweiser
skilt [skilt] geschieden
skinke ['skinkə] Schinken
skinne ['skinə] *(Sonne)* scheinen
skipas ['skipas] *n.* Skipass
skistav ['skistäw] Skistock
skistøvle ['skistöulə] Skischuh
skitræk ['skitrek] *n.* Skilift
skive ['ski:wə] Scheibe
skjorte ['skjortə] Hemd
sko [sko:] Schuh
skole ['sko:lə] Schule

skotøjsforretning ['skoːtɔisforetning] Schuhgeschäft

skov [skou̯] Wald

skraldespand ['skraləspan] Mülleimer

skride ['skriːðə] <skred, skredet> *(Fahrzeug)* rutschen

skriftlig ['skriftli] schriftlich

skrige ['skriːə] <skreg, skreget> schreien

skrive ['skriːwə] <skrev, skrevet> schreiben

skrædder ['skreðər] Schneider, Schneiderin

skulder ['skulər] Schulter

skulle ['skulə] <skulle, skullet> müssen, Jeg skal betale min regning. [jai̯ skal bə'tälə miːn 'rai̯ning] Ich muss meine Rechnung bezahlen., Du skulle rede din seng. [du 'skulə 'reːðə din seng] Du solltest dein Bett machen.

skulptur [skulp'tur] Skulptur

skyldig ['sküldi] schuldig

skæg [skäg] *n.* Bart

skæl [skel] *n. (vom Fisch, im Haar)* Schuppe(n)

skære ['skärə] <skar, skåret> *(mit einer Klinge)* schneiden

skøjtebane ['skɔi̯təbänə] Eisbahn

skøjteløb ['skɔi̯tələöb] *n.* Eislaufen

skøn [skön] schön

skønhedssalon ['skönheðs saˈlɔng] Schönheitssalon

skål [skou̯l] Schüssel

Skål! ['skou̯l] Prost!

slagter ['slagtər] Metzger, Metzgerin; Fleischer, Fleischerin

slagteri [slagtə'riː] *n.* Metzgerei, Fleischerei

slange ['slangə] *(Tier)* Schlange, *(Innenteil eines Rads)* Schlauch

slank [slank] schlank

slappe ['slapə] lockern, slappe af ['slapə ä] entspannen

slot [slɔt] *n. (Gebäude)* Schloss

slukke ['slukə] ausmachen, ausschalten

slutning ['slutning] Schluss

smag [smä] Geschmack

smage ['smäə] schmecken

smal [smal] schmal

smerte ['smertə] Schmerz

smertefuld ['smertəful] schmerzhaft

smile ['smiːlə] lächeln

smuk [smuk] schön, attraktiv

smør [smör] *n.* Butter

små *Pl.* [smou̯] *(vor Pluralnomen)* kleine

småkage ['smɔkäjə] Plätzchen, Keks

småpakke ['smɔpakə] Päckchen

småpenge ['smɔpengə] *Pl.* Kleingeld

snaps [snaps] Schnaps

snart [snart] bald

snavset ['snau̯sət] schmutzig

sne [sneː] Schnee

snegl [snai̯l] Schnecke

snorkel ['snorkəl] Schnorchel

snorkle ['snorklə] schnorcheln

snowboard ['snoːbord] *n.* Snowboard

snørebånd ['snörəbɔn] *n.* Schnürsenkel
sofa ['sofa] Sofa
sojabønne ['sojabönə] Sojabohne
sojamælk ['sojamelk] Sojamilch
sok [sɔk] Socke
sol [soːl] Sonne
soldat [sɔldät] Soldat, Soldatin
solhede ['soːlheðə] Sonnenbrand
solnedgang ['soːlneðgang] Sonnenuntergang
solrig ['soːlri] sonnig
solstik ['soːlstik] *n.* Sonnenstich
sommer ['sɔmər] Sommer
sommerfugl ['sɔmərfuːl] Schmetterling
sommetider ['sɔmətiðər] manchmal
soppebassin ['sɔpəbaseng] *n.* Planschbecken
sort [sort] schwarz
souvenir [suwəˈniːr] Souvenir
sove ['soːwə] <sov, sovet> schlafen
soveværelse ['soːwəwärəlsə] *n.* Schlafzimmer
sovs [sou̯ws] Soße
spadseretur ['spasertur] Spaziergang
spare ['sparə] sparen
specialist [spesiaˈlist] Spezialist, Spezialistin
specialitet [spesialiˈtät] Spezialität
spejl [spai̯l] *n.* Spiegel
spejlæg ['spai̯leg] *n.* Spiegelei
spille ['spilə] *(im Sport, ein Instrument)* spielen
spilleregel ['spilərääl] Spielregel

spinat [spiˈnät] Spinat
spiritus ['spiritus] Spirituosen
spise ['spiːsə] essen, spise morgenmad ['spiːsə ˈmorənmað] frühstücken
spisekort ['spiːsəkort] *n.* Speisekarte
spisevogn ['spiːsəvou̯n] Speisewagen
spor [spor] *n. (für Züge)* Gleis, *(Straßenabschnitt)* Spur
sport [sport] Sport
sportsforretning [sportsforˈretning] Sportgeschäft
sportsmand ['sportsman] Sportler
sportspige ['sportspijə] Sportlerin
sporvogn ['sporvou̯n] Straßenbahn
springe ['springə] <sprang, sprunget> springen
sprog [sproː] *n.* Sprache
spørge ['spörə] <spurgte, spurgt> fragen
spørgsmål ['spörsmou̯l] *n.* Frage
stadion ['städiɔn] *n.* Stadion
starthjælpekabel ['startjelpəkäbəl] *n.* Starthilfekabel
statsborgerskab ['stätsborjərskäb] *n.* Staatsangehörigkeit
statue ['stätuə] Statue
stave ['stäwə] buchstabieren, Kan du godt stave det? [kan du gɔt ˈstäwə dä] Können Sie das bitte buchstabieren?
sted [steð] *n. (Ort)* Stelle
stejl [stai̯l] steil

stemme ['stemə] Stimme
sten [ste:n] Stein
sti [sti:] Weg, Pfad
stigbøjle ['stibɔilə] Steigbügel
stige ['sti:ə] <steg, steget> *(auch fig.)* steigen, stige ind ['sti:ə in] einsteigen, stige om ['sti:ə ɔm] umsteigen, stige ud ['sti:ə uð] ausssteigen
stikke ['stikə] <stak, stukket> *(mit Stachel oder Messer)* stechen
stille ['stilə] *(Adjektiv)* leise
stille ['stilə] *(Verb)* stellen
stilling ['stiliŋ] *(Position)* Stellung, *(Arbeitsplatz)* Stelle
stivkrampe ['stiwkrampə] Tetanus
stjæle ['stje:lə] <stjal, stjålet> stehlen
stol [sto:l] Stuhl
stor [stor] groß
storm [storm] Sturm
straks [straks] sofort
strand [stran] Strand
stribe ['stri:bə] Streifen
strube ['stru:bə] Kehle
strøm [ström] Strom
strømning ['strömniŋ] Strömung
strømpe ['strömpə] Strumpf
♂ **student** [stu'dent], ♀ **studine** [stu'di:nə] Abiturient, Abiturientin
studerende [stu'de:rənə] Student, Studentin
stueetage ['stuəetäschə] Erdgeschoss
stykke ['stükə] *n.* Stück
styre ['stürə] lenken
stærk [stärk] stark

støjende ['stɔjənə] laut, lärmend
størrelse ['störəlsə] Größe
støvle ['stöulə] Stiefel
stå [stou] <stod, ståret> stehen, stå op [stou ɔp] aufstehen
sukker ['sukər] *n.* Zucker
sukkerfri ['sukərfri] zuckerfrei
sult [sult] Hunger
sulten ['sultən] hungrig
sundhed ['sunheð] Gesundheit
supermarked ['supərmarkəð] *n.* Supermarkt
suppe ['supə] Suppe, dagens suppe ['däəns 'supə] Tagessuppe
suppeske ['supəske:] Suppenlöffel
sur [sur] sauer
sut [sut] *(Aufsatz für Babyfläschchen)* Sauger
sutteflaske ['sutəflaskə] Babyfläschchen
svag [swä] schwach, *(Radio, Fernseher)* leise
svamp [swamp] Pilz
svanger ['swaŋər] schwanger
svangerskabsprøve ['swaŋərskäbspröwə] Schwangerschaftstest
svar [swar] *n.* Antwort
svare ['swarə] antworten
svede ['sweðə] schwitzen
Svejts [swaits] Schweiz
svejtser ['swaitsər] Schweizer, Schweizerin
svejtsertysk ['swaitsərtüsk] schweizerdeutsch
svejtsisk ['swaitsisk] *(adjektivisch)* Schweizer

- svigerfar ['swiərfar] Schwiegervater
- svigerinde [swiəˈrinə] Schwägerin
- svigermor ['swiərmor] Schwiegermutter
- svin ['swiːn] n. Schwein
- svinekød ['swiːnəköð] n. Schweinefleisch
- svoger ['swo̯uər] Schwager
- svær [swär] schwer
- svømme ['swömə] schwimmen
- svømmebad ['swömǝbað] n. Schwimmbad
- sy [sü] nähen
- syd [süð] Süden
- syerske ['süerskə] Schneiderin
- syg [sü] krank
- sygdom ['südɔm] Krankheit
- sygehus ['süəhus] n. Krankenhaus
- sygehjælper ['süəjelpər] Krankenpfleger, Krankenpflegerin
- ♀ sygeplejerske ['süəplai̯ərskə] Krankenschwester
- sylteagurk ['sültəagurk] (klein und eingemacht) Gurke
- syltetøj ['syltətɔi] n. Konfitüre
- synål ['sünɔul] Nähnadel
- synes om ['sünəs ɔm] mögen, Jeg synes godt om hende. [jai̯ 'sünəs gɔt ɔm 'henə] Sie gefällt mir., Hvad syntes du om ham? [wað 'süntəs du ɔm ham] Wie fandest du ihn?
- synge ['süŋgə] <sang, sunget> singen
- synsprøve ['sünsprøwə] Sehtest
- sæbe ['säbə] Seife
- sæde ['säðə] Sitz
- særtilbud ['sertilbuð] n. Sonderangebot
- sætning ['setniŋ] Satz
- sø [sö] (Binnengewässer) See
- sød [söð] süß
- sødestof ['söðəstɔf] n. Süßstoff
- søge ['söə] suchen
- sølv [sölw] n. Silber
- søm [söm] n. (Metallpin) Nagel
- søn [sön] Sohn
- søndag ['söndaː] Sonntag
- søster ['söstər] Schwester
- søsyg ['sösü] seekrank
- så [sɔ] dann, daraufhin; (zur Verstärkung) so; Jeg var så træt. [jai̯ war sɔ tret] Ich war so müde.
- sådan ['sɔdan] (Art und Weise) so, Du skal gøre det sådan. [du skal 'görə dä 'sɔdan] Du sollst das so machen.

T

- tabe ['täbə] verlieren
- tag [täː] n. Dach
- tage ['täə] <tog, taget> nehmen, tage brusebad ['täə 'brusəbað] duschen, tage med ['täə með] mitnehmen, Du tager det alt for alvorligt. [du tar dä alt for 'alworlit] Du nimmst das viel zu ernst.
- tak [tak] danke, Selv tak! [sel tak] Bitte schön!
- takke ['takə] danken
- tal [tal] n. Zahl
- tale ['tälə] sprechen
- tallerken [ta'lerkən] Teller
- tampon [tam'poŋ] Tampon

tand [tan] Zahn
tandbørste ['tanbörstə] Zahnbürste
tandpasta ['tanpasta] Zahnpasta
tandstik ['tanstik] Zahnstocher
tang [taŋ] Zange
tanga ['taŋa] Tanga
tank [taŋk] Tank
tanke ['taŋkə] tanken
tankstation ['taŋkstasion] Tankstelle
tante ['tantə] Tante
taske ['taskə] (Trage)tasche
tastatur [tasta'tur] n. Tastatur
taxa ['taksa] Taxi
taxachauffør ['taksaschoför] Taxifahrer, Taxifahrerin
taxi ['taksi] Taxi
te [te:] Tee
teater [te'ätər] n. Theater
teaterstykke [te'ätərstükə] n. Theaterstück
teknik ['teknik] Technik
telefon [tele'fon] Telefon
telefonbog [tele'fonbo:] Telefonbuch
telefonboks [tele'fonbɔks] Telefonzelle
telefonere [telefɔ'nerə] telefonieren
telefonkort [tele'fonkort] n. Telefonkarte
telefonnummer [tele'fonnumər] n. Telefonnummer
telt [telt] n. Zelt
telte ['teltə] zelten
tennisbane ['tenisbänə] Tennisplatz

termin [ter'mi:n] Termin
terrin [teri:n] Schüssel, Terrine
teske ['te:ske:] Teelöffel
tid [tið] Zeit
tidlig ['tiðli] früh, tidligere ['tiðliərə] früher
tidsskrift ['tiðskrift] n. Zeitschrift
til [til] (zu einem Zielort) nach, til København/Aarhus [til 'köbənhaun 'ourhus] nach Kopenhagen/Aarhus, til højre/venstre [til 'hɔirə/'wenstrə] nach rechts/links, (zu einer Person) zu, jeg går til bageren. [jai gour til bäjərən] Ich gehe zum Bäcker., an, (i. d. Postanschrift) Til fru Toft [til fru tɔft] An Frau Toft
tilbage [til'bäə] zurück
tilbyde ['tilbüðə] <tilbød, tilbudt> anbieten
tilfreds [til'fres] zufrieden
tilhøre ['tilhörə] gehören
tillade ['tiläðə] erlauben
tilmelde ['tilmelə] anmelden, tilmelde sig ['tilmelə sai] sich anmelden
time ['ti:mə] Stunde
ting [tiŋ] Ding
tirsdag ['tirsda] Dienstag
tit [tit] oft
titel ['titəl] (eines Buchs etc.) Titel
tjene ['tje:nə] verdienen
tjener ['tje:nər] Kellner
tobak [tɔ'bak] Tabak
tofu [tɔ'fu] Tofu
tog [tou] n. Zug
toilet [toi'let] n. Toilette

toiletpapir [toi'letpapir] *n.* Toilettenpapier
told [tɔl] *(Gebühr)* Zoll
toldvæsen ['tɔlwäsən] *n. (Behörde)* Zoll
tolk [tɔlk] Dolmetscher, Dolmetscherin
tolke ['tɔlkə] dolmetschen
tom [tɔm] leer
tomat [tɔmät] Tomate
tommelfinger ['tɔməlfingər] Daumen
torsdag ['torsda] Donnerstag
tosset ['tɔsət] verrückt
tov [tɔu] *n.* Seil
tovbane ['tɔubänə] Seilbahn
trafikmiddel [tra'fikmiðəl] *n.* Verkehrsmittel
transport ['transport] Transport
trappe ['trapə] Treppe
tredjedel ['treðjədə:l] Drittel
tro [tro] glauben
trykke ['trükə] drücken
træ [trä] *n.* Baum
træffe ['trefə] <traf, truffet> treffen
træt [tret] müde
trøje ['trɔijə] Strickjacke
tung [tung] *(von großem Gewicht)* schwer
tunghør ['tunghör] schwerhörig
turistinformation [tu'ristinformasion] Touristeninformation
tyggegummi ['tügəgumi] *n.* Kaugummi
tyk [tük] dick
tysk [tüsk] deutsch

tysker ['tüskər] Deutscher, Deutsche
Tyskland ['tüsklan] *n.* Deutschland
tændrør ['tenrör] *n.* Zündkerze
tænke ['tenkə] denken
tæppe ['tepə] *n.* Teppich, Decke
tømme ['tömə] Zügel
tønde ['tönə] Fass
tørre ['törə] trocknen
tørresnor ['törəsnor] (Wäsche)leine
tørst [törst] Durst
tørstig ['törsti] durstig
tå [tou] Zeh
tåget ['touət] neblig
tårn [tourn] *n.* Turm

U

uden ['uðən] ohne
udenfor ['uðənfor] draußen
udflugt ['uðflugt] Ausflug
udfylde ['uðfülə] ausfüllen
udgang ['uðgang] Ausgang
udklædning ['uðklääning] Kostüm, Verkleidung
udkørsel ['uðkörsəl] Ausfahrt
udlejer ['uðlaijər] Vermieter, Vermieterin
udseende ['uðse:ənə] *n. (irreführender Eindruck)* Anschein, *(äußere Erscheinung)* Aussehen
udsende ['uðsenə] *(Rundfunk und Fernsehen)* senden
udskrift ['uðskrift] *(vom Computer)* Ausdruck
udskrive ['uðskri:wə] <udskrev, udskrevet> ausdrucken
udslag ['uðslä] *n.* Ausschlag

udtryk ['uðtrük] *n. (Gesichtsmiene oder Phrase)* Ausdruck
udtrykke ['uðtrükə] ausdrücken
udvalg ['uðwal] *n.* Auswahl
udvikle ['uðwiklə] entwickeln
udvikling ['uðwikling] Entwicklung
uge ['uə] Woche
ugift ['ugift] ledig
uheld ['uhel] *n.* Panne, Unfall
under ['unər] unter
underbukser ['unərbuksər] *n.* Unterhose
underkop ['unərkɔp] Untertasse
underskrift ['unərskrift] Unterschrift
underskrive ['unərskri:wə] <underskrev, underskrevet> unterschreiben
undertiden ['unərtiðən] manchmal
undertrøje ['unərtrɔjjə] Unterhemd
undervise ['unərwi:sə] unterrichten
undervisning ['unərwi:sning] Unterricht
Undskyld! ['unskül] Entschuldigung!
undskyldning ['unskülning] Entschuldigung
ung [ung] jung
ur [ur] *n.* Uhr
USB-kabel [u es bä 'käbəl] *n.* USB-Kabel

V

vable ['wäblə] *(am Fuß)* Blase
vaccinationsattest ['waksinasjonsatest] Impfpass
valuta [wa'luta] Währung
vand [wan] *n.* Wasser
vandfald ['wanfal] *n.* Wasserfall
vandhane ['wanhänə] Wasserhahn
vandmand ['wanman] *(harmlose)* Qualle
vandre ['wandrə] wandern
vandrehjem ['wandrəjem] *n.* Jugendherberge
vandtæt ['wantet] wasserdicht
vanskelig ['wanskəli] schwierig
varehus ['warəhus] *n.* Kaufhaus
varm [warm] warm
vaskemaskine ['waskəmaski:nə] Waschmaschine
vaskeri [waskə'ri:] *n.* Wäscherei
ved [weð] bei, nahe
vegetarianer [wege'tariänər] Vegetarier, Vegetarierin
vegetarisk [wege'tarisk] vegetarisch
vej [wai] Straße
vejskilt ['waiskilt] *n.* (Verkehrs)schild
vekselkurs ['weksəlkurs] Wechselkurs
vekselpenge ['weksəlpengə] *Pl.* Wechselgeld
veksle ['wekslə] wechseln
♂ **ven** [wen], ♀ **veninde** [we'ninə] Freund, Freundin
vende ['wenə] wenden, **vende tilbage** ['wenə til'bäə] zurückkehren
venstre ['wenstrə] linker, linke, linkes; **til venstre** [til 'wenstrə] nach links

vente ['wentə] warten
venteværelse ['wentəwärəlsə] *n.* Wartezimmer
verdifuld [wer'diful] wertvoll
vest [west] Westen
vi [wi] wir
vide ['wiðə] <vidste, vidst> wissen, Det ved jeg godt. [dä weð jai gɔt] Das weiß ich schon.
vidunderlig [wið'unərli] wunderbar
ville ['wilə] <ville, villet> wollen, Vil du spille fodbold? [wil du 'spilə foðbɔlt] Willst/Möchtest du Fußball spielen?
vin [wi:n] Wein
vind [win] Wind
vindrue ['wi:ndruə] Traube
vindspejl ['winspail] *n.* Windschutzscheibe
vindue ['windu] *n.* Fenster
vinranke ['wi:nrankə] Weinrebe
vinstok ['wi:nstɔk] Weinstock
vinter ['wintər] Winter
virke ['wirkə] funktionieren
visum ['wisum] *n.* Visum
vokse ['wɔksə] wachsen
voksen ['wɔksən] erwachsen
voksen ['wɔksən] Erwachsener, Erwachsene
voldtage ['wɔltajə] <voldtog, voldtaget> vergewaltigen
vores ['worəs], **vor** [wor], o **vort** [wort], Pl. **vore** ['worə] unser, unsere
vuggestue ['wugəstuə] Kinderkrippe

væddeløbsbane ['weðəlöbsbänə] Rennbahn
væg [wäg] Wand
vægskab ['wägskäb] *n.* Schließfach
vægt [wegt] Gewicht
væk [wek] weg
vækkeur ['wekəur] *n.* Wecker
vælge ['weljə] <valgte, valgt> wählen
værdisager [wer'disäər] *Pl.* Wertsachen
være ['wärə] <var, været> sein, Jeg er meget træt. [jai er maiət tret] Ich bin sehr müde., Er I allerede rejst til Danmark? [er i 'alərəðə raist til 'danmark] Seid ihr schon mal nach Dänemark gefahren?
værelse ['wärəlsə] *n.* Zimmer
værelsesnummer ['wärəlsəsnumər] *n.* Zimmernummer
værksted ['werksteð] *n.* Werkstatt
værsgo! [wärs'go] *(wenn man etw. anbietet)* bitte schön!
værtshus ['wertshus] *n.* Kneipe

W

weekend ['wi:kend] Wochenende

Y

yderligere ['üðərlijərə] weitere
yoghurt ['jɔgurt] Jogurt

Æ

æble ['ä:blə] *n.* Apfel
æg [eg] *n.* Ei
ægtepar ['egtəpar] *n.* Ehepaar
ægteskab ['egtəskäb] *n.* Ehe

ægtestand ['egtəstan] Ehestand
æske ['eskə] *(Holzschachtel)* Packung

Ø

ø [ö] Insel
øgenavn ['öjənaun] *n.* Spitzname
øje ['ɔijə] *n.* Auge
øjeblik ['ɔijəblik] *n.* Augenblick, i øjeblikket [i 'ɔijəblikət] im Augenblick
økologisk [ökɔ'logisk] bio...
øl [öl] *n.* Bier
øre ['örə] *n.* Ohr
øre ['örə] *(dänische Münze: Hundertstel einer Krone)* Öre
ørken ['örkən] Wüste
østen ['östən] Osten
Østrig ['östri] *n.* Österreich
østriger ['östriər] Österreicher, Östereicherin
østrigsk ['östrisk] österreichisch

Å

åben [oubən] offen
åbne [oubnə] öffnen
år [our] *n.* Jahr
åre ['ourə] Ruder
årstid ['ourstið] Jahreszeit

Alles gepackt?

Gesundheit

Verbandszeug
Blasenpflaster
Tabletten (Schmerztabletten ...)
Andere wichtige Medikamente
Sonnenschutzmittel
Insektenschutzmittel
Ersatzbrille
Kontaktlinsen, Linsenflüssigkeit usw.
Sonnenbrille
Ohrstöpsel

Dokumente

Ausweise (Reisepass, Führerschein)
Grüne Versicherungskarte
Auslandsreiseversicherung
Geld in der Landeswährung
Kreditkarte, Debitkarte

Elektronik

Handy
PDA
Fotoapparat, SD-Karte, Akku (Ladekabel, Ersatz SD-Karte, Ersatzakku)
Rasierapparat
Ladegeräte, Kabel und Adapter für alle elektronischen Geräte

Reiseinformationen

Hueber Sprachführer
Landkarten

Reiseführer
Wichtige Adressen
Wichtige Telefonnummern (z. B. die Hotline des Kreditkarteninstituts für Notfälle)
Schreibzeug
Reiseliteratur (Buch, Zeitung)

Körperpflege

Handtücher, Waschlappen
Shampoo
Conditioner
Seife
Spiegel
Rasierwasser
Rasierschaum
Rasierer und Klingen
Kamm, Haarbürste, Haargummis
Badeschlappen
Gesichts- und Körpercreme
Nagelschere, Nagelfeile
Zahnbürste, Zahnpasta
Reinigungstabletten
Tampons, Binden
Wattestäbchen
Toilettenpapier
Taschentücher

Kleidung

Jacke
Mantel
Handschuhe
Halstuch, Schal
Pullover
T-Shirts
Hemden
Lange Hosen, kurze Hosen

Kleider
Röcke
Blusen
Sportkleidung
Unterwäsche (Unterhosen, Unterhemden, BHs)
Badehose, Badeanzug
Sonnenhut
Regenbekleidung
Schuhe (Sportschuhe, Wanderschuhe)

Fürs Zelten

Zelt
Heringe
Plane
Hammer
Spaten
Zeltlampe
Taschenlampe
Schlafsack
Isomatte
Strandmatte
Klappstuhl
Geschirr
Holzbrett
Besteck
Scharfes Messer
Regenschirm
Essgeschirr
Spülmittel
Geschirrtücher
Topfset
Gaskocher
Gaspatronen
Feuerzeug

Sonstiges

Regenschirm
Reisewaschmittel

Zahlen
Tal

X01	0	nul [nul]
X02	1	en/et [eːn/et]
X03	2	to [tɔ]
X04	3	tre [treː]
X05	4	fire [fir]
X06	5	fem [fem]
X07	6	seks [seks]
X08	7	syv [süː]
X09	8	otte [ˈoutə]
X10	9	ni [ni]
X11	10	ti [ti]
X12	11	elleve [ˈelwə]
X13	12	tolv [tɔl]
X14	13	tretten [ˈtretən]
X15	14	fjorten [ˈfjortən]
X16	15	femten [ˈfemtən]
X17	16	seksten [ˈsaistən]
X18	17	sytten [ˈsütən]
X19	18	atten [ˈatən]
X20	19	nitten [ˈnitən]
X21	20	tyve [ˈtüːwə]

Zahlen

X22	21	enogtyve ['e:notü:wə]
X23	22	toogtyve ['tootü:wə]
X24	23	treogtyve ['tre:otü:wə]
X25	24	fireogtyve ['firotü:wə]
X26	25	femogtyve ['femotü:wə]
X27	26	seksogtyve ['seksotü:wə]
X28	27	syvogtyve ['sü:otü:wə]
X29	28	otteogtyve ['o̩utəotü:wə]
X30	29	niogtyve ['niotü:wə]
X31	30	tredive ['träðwə]
X32	40	fyrre ['förə]
X33	50	halvtreds [hal'tres]
X34	60	tres [tres]
X35	70	halvfjerds [half'jers]
X36	80	firs [firs]
X37	90	halvfems [hal'fems]
X38	100	(et) hundrede [(et) 'hunrəð]
X39	1.000	(et) tusind [(et) 'tusən]
X40	1.000.000	(en) million [(e:n) mili'on]